QUEM É VOCÊ

Canalizado por L.B. Mello Neto

EAHHH
QUEM É VOCÊ

**Ensinamentos pleiadianos
para conexão cósmica e espiritual**

MEROPE
editora

Copyright © L.B. Mello Neto, 2022
Copyright © Editora Merope, 2022

CAPA	Natalia Bae
PROJETO GRÁFICO E DIAGRAMAÇÃO	Natalia Bae
COPIDESQUE	Débora Dutra Vieira
REVISÃO	Tânia Rejane A. Gonçalves
COORDENAÇÃO EDITORIAL	Opus Editorial
DIREÇÃO EDITORIAL	Editora Merope

Todos os direitos reservados.
Proibida a reprodução, no todo ou em parte, através de quaisquer meios.

Dados Internacionais de Catalogação na Publicação (CIP)
(Câmara Brasileira do Livro, SP, Brasil)

Eahhh

    Quem é você : ensinamentos pleiadianos para conexão cósmica e espiritual / Eahhh, canalizado por L. B. Mello Neto. -- Belo Horizonte, MG : Editora Merope, 2022.

    ISBN 978-65-990267-3-7

    1. Canalização 2. Consciência 3. Mensagem canalizada I. Mello Neto, L. B. II. Título.

22-111903   CDD-133

Índices para catálogo sistemático:
1. Mensagens canalizadas : Espiritualidade   133
Eliete Marques da Silva - Bibliotecária - CRB-8/9380

MEROPE EDITORA
Rua dos Guajajaras, 880 sala 808
30180-106 – Belo Horizonte – MG – Brasil
Fone/Fax: [55 31] 3222-8165
www.editoramerope.com.br

Eu sou Eahhh,

Consigo manter-me lúcido em seu tempo e espaço a ponto de interagir a partir de um veículo corporificado que me empresta o campo em absoluta integridade e unidade relacional. Certamente, trata-se de um acordo e está descrito em minhas ordens cósmicas.

Há tempos vivo neste mundo e fui concebido em uma junção energética plasmada entre um ser pleiadiano, meu Pai, e um ser terrestre, originário de Órion e que vive no interior da Terra, minha Mãe.

Minha natureza energética, desde o início, foi programada para traduzir mundos e ordens. Percorro diversas naturezas dimensionais e venho atuando na Terra há muito do seu tempo. Às vezes, parte de mim encarna, mas não baixei minha vibração em um encarne completo por não ser essa a aspiração de meu ser. Venho, então, de duas linhagens antigas deste universo, e sou capaz de transitar entre mundos.

Tenho muitos nomes, e Eahhh é o que disponibilizo para este momento terrestre. Trouxe muitas escolas para este mundo.

Tenho como missão, também, ancorar os trabalhos do Instituto Aletheia, ajudar na manutenção do corpo do veículo e construir pontes com todos os seres e consciências que lá atuam.

Uma das missões do referido instituto é trazer luz para este momento do mundo. Grande parte de nossas informações serão compreendidas e usadas muito tempo depois de publicadas. Isso já está previsto.

Este livro é parte de uma série de informações que serão disponibilizadas. Esse conhecimento foi trazido por diversas fontes espirituais, e por trás dele há seres de Órion, Vega, das

Plêiades, do Sol, de Júpiter, Vênus e do interior do próprio planeta Terra.

Algumas vezes, você lerá neste livro a palavra "nós", usada quando me referir ao conjunto de seres transmissores; outras vezes, lerá a palavra "eu", Eahhh, empregada quando estiver falando diretamente a você.

Compreendo profundamente a raça humana e sua atual evolução; por essa razão, assumi a direção deste e de outros livros a fim de manter a integridade da informação descida do campo ao veículo que a canalizou.

Ao ler o texto, sinta o campo de palavras entrando em seu coração, pois este será o fluxo. A energia que entrar abrirá seus vórtices corpóreos e expandirá sua consciência para que se recorde do que estamos falando.

No fundo, quero que se recorde. É diferente de estar aprendendo pela primeira vez.

Se, em algum momento, o sono pesar, durma e me encontrarei com você.

Viva sem medo. Você está aqui e agora, mas sempre esteve e sempre estará. Assim como Eu.

Sumário

1. Uma vida às claras 11
2. A vida é curta 15
3. Aproprie-se da experiência 19
4. A mente confusa 24
5. A falsa realidade 27
6. O instinto espiritual 30
7. Sentindo o dever do viver 32
8. Você é a sua programação 37
9. O fluxo da ascensão 42
10. Você é uma antena receptora 45
11. Download espiritual.. 49
12. O princípio para conectar-se com a fonte 52
13. A força natural do espírito 57
14. O armário cósmico 60
15. O amor disponível 63
16. Mundo de sábios 67
17. Matéria e espírito 70
18. As dimensões espirituais...72
19. Campo da alegria 74
20. Êxtase e prazer são vibracionais 76
21. A real noção do momento 79
22. Abra-se para a coragem do espírito 81
23. Níveis evolutivos.. 84
24. Aprendendo com os reinos 86
25. Você é um ser invisível, de certa forma........................ 95
26. Você é o universo contando histórias 97

1
UMA VIDA ÀS CLARAS

Neste momento do planeta, quando as coisas são reveladas de todas as formas e de todos os jeitos, é importante que você perceba os atributos espirituais e a manifestação do divino nas pequenas coisas e em si mesmo.

Por exemplo, a internet é uma força espiritual; as organizações que operam a internet e que lhe proporcionam informações em todos os níveis são uma força espiritual. Tudo é espírito, tudo é energia; não subestime absolutamente nada. Os satélites que estão sendo colocados em órbita da Terra fazem parte da força espiritual. Você será observado de todas as formas, e os seres humanos estão criando isso para si mesmos.

Você pode pensar: mas tal situação vai tirar a nossa liberdade? Pode ser que sim, pode ser que não, mas isso é necessário, pois o que está em cima está embaixo; o que acontece nos planos mais sutis acontece nos planos mais densos.

Você é observado por nós de todas as formas, sob todas as condições, em todas as naturezas; você não tem privacidade no mundo espiritual. Tudo que você faz é registrado: não existe um único pensamento seu que não seja registrado; não há uma única palavra dita por você que não seja registrada; não há uma única atitude tomada por você que não seja registrada. Tudo é registrado no universo e esse processo evolui, agora, no campo material, de modo que você tenha toda a sua vida registrada nesse plano também.

Você pode pensar: mas isso é bom ou ruim? Nós podemos lhe dizer: depende. De fato, isso vai ocorrer, está programado, mas, se essa experiência será boa ou ruim, é algo que dependerá de você.

Você deverá ser capaz de ter clareza sobre tudo o que ocorre no planeta, com cada pessoa, todas mapeadas ao mesmo tempo, tendo amor, liberdade e respeito entre cada uma. É certo que você enfrentará percalços pela frente, porque ainda há muito aprendizado nos campos onde se manifestam o egoísmo, a concentração de poder e a sede de controle sobre os outros.

O grande olhar sobre tudo é o que você terá que aprender nos próximos tempos. Você vai adquirir a clareza não só das suas vidas, mas de tudo o que ocorre à sua volta e que será cada vez mais acentuado. Seu dever é fazer isso sem prejudicar o próximo, o que não será uma tarefa fácil.

Você não vive de forma reta neste quadrante e neste tempo do mundo; em outras eras, sim, os seres humanos já foram retos. A condição para o resgate de sua espécie, no estágio em que se encontra, é passar por uma evolução rumo a uma nova raça humana.

Essa transição já ocorre e você precisa aprender a lidar com todas as ferramentas e dispositivos tecnológicos que estão ao seu alcance. Tais tecnologias são elementos energéticos divinos e espirituais que podem ser utilizados de inúmeras as formas.

Você pode perguntar: mas, se isso é necessário, por que muitas pessoas fazem mau uso das tecnologias e prejudicam outras pessoas? Porque o mundo sutil e os seres que comandam este universo e este plano permitem que isso aconteça. Entendemos que se trata da liberdade do aprendizado. Você não aprende se não passar pelas experiências em todos os níveis, por isso há, nas experiências, situações difíceis de dor e sofrimento, mesmo que tudo seja, no fundo, uma única experiência do início ao fim. Tal experiência se finda dentro de uma perspectiva de terceira dimensão, de vibração material na terceira dimensão.

Quando você começa a ter noção de que um novo campo de clareza se iniciou neste momento do mundo, pode fazer a escolha de vibrar nessa clareza e, assim, tomar suas decisões e contribuir a partir da sua matriz programada de experiências.

Neste planeta, o que o coloca na direção da clareza não é simplesmente você parar, meditar e se conectar, mas toda a sua estrutura de vida. A vida é movimento e você precisa se movimentar. E movimentar-se tem a ver com se relacionar, abrir-se, expor suas fraquezas, aprender com os outros, entender que o erro faz parte do processo de aprendizado, aceitar suas vitórias e suas derrotas; é ousar buscando vitórias maiores, realizando coisas maiores dentro da sua matriz, ampliando o seu mundo a partir da escolha do seu coração, e não da sua mente; é estudar, aprender, ensinar, experimentar, viver a vida com tal intensidade que a clareza vai tomando assento sob seus pés.

Muitas coisas começam a ser entendidas e vistas sob um novo olhar quando você se abre ao movimento. A sua vida será devassada e você terá de aprender a olhar para o todo com novos olhos. Muitas vezes, seu olhar não é completo e, no geral, você já se acostumou com a sua forma de ver e julgar a vida. Se pensa que o que vê é a completa verdade sobre o outro e o mundo, você está cego – a cegueira se revela quando você se agarra a uma forma de ver a partir de suas próprias interpretações, de sua própria realidade.

Toda vez que você passar por uma evolução, em um novo nível em que estiver, perceberá melhor as outras pessoas. Nada será escuso e escondido; você vai perceber isso a cada momento nas suas estruturas de comunicação, nos seus sistemas de relacionamento. Tudo está aparecendo, e assim acontecerá com a sua clareza, com a sua percepção sensorial do coração e com a sua capacidade de sentir tudo que está à sua volta. Isso vai acontecer com todos – com alguns, mais intensamente; com outros, menos.

Quanto menos densidade possuir, mais condição você terá de ter clareza, mais afinidade terá com o espírito, mais transição fará em alinhamento com o fluxo universal. E assim você elevará a sua vibração, e assim você estará apto a se manifestar neste plano, na transformação deste momento, deste ciclo que durará tempos.

Ter acesso a uma realidade alheia a partir de tecnologia e entender que agora você compreende o mundo e o cosmos não lhe trará a profundidade do ensinamento da manifestação sutil cósmica. O cosmos e este planeta não são a sua realidade. Você é parte de tudo.

Essa é a sutil manifestação do cosmos.

2
A VIDA É CURTA

✦ ✦ ✷ ✦ ✦

É importante você compreender que a sua passagem neste planeta é muito curta sob uma perspectiva cósmica. Apesar de você viver trinta, sessenta, oitenta, cem anos, sob a perspectiva do universo, esse período é um *flash*.

Qual a importância e o sentido desse *flash*? Qual a razão de você viver uma vida que, numa perspectiva maior, é tão curta?

Independentemente das crenças que tem, a vida não acontece aqui: você está em uma passagem. A vida aconteceu antes, acontecerá depois e sempre. Mas o que você faz, então, durante esse *flash* que vive aqui?

Você se encontra neste lugar para ter aprendizagem evolutiva e purificadora; para voltar, ter novos aprendizados e repetir ciclos de aprendizagem individual e coletiva de todas as formas e naturezas.

O espírito precisa de uma experiência completa; você não está aqui para ter uma experiência única, solitária. Seria de muito pouca grandeza diante da imensidão do universo. Você está aqui para ter experiências completas e cheias, por isso são necessárias tantas idas e vindas neste planeta.

Na condição em que você se encontra, nessa forma de vida, é importante que não restrinja a sua experiência como a mais importante e significativa, pois existem outras formas de vida que são de difícil compreensão.

Desde que nasceu, você está dentro de uma estrutura de entendimento tridimensional da realidade. Pois bem, o que faz aqui por repetidas vezes, então?

Com toda a experiência vivida na espécie em que se encontra – e você já experimentou várias condições neste plano –, é comum pensar que a sua condição é humana. É a raça, vamos dizer, mais trabalhada dentro do seu entendimento do ponto de vista evolutivo. Muitos não consideram a existência de outras espécies tão evoluídas como a humana. Mas existem, sim, como os golfinhos e as baleias, dentre outras.

A experiência não se restringe somente à experiência humana. A experiência humana tem dramas sociais e coletivos que precisam ser resolvidos, e você não é um ou mais desses dramas, mas precisa deles.

Você já esteve aqui sob muitas outras condições, outras espécies, mesmo como inseto, por exemplo.

Tudo é vida, tudo é experiência. Outras espécies, como macacos, lagartos, minhocas, leões e girafas, são também uma experiência neste planeta. Você precisa abandonar a ilusão arrogante de que os humanos são a raça mais importante e estão separados das demais espécies.

Tudo o que ocorre neste planeta está integrado em uma evolução contínua prevista por aqueles que organizaram esse grande jogo. Portanto, não entenda que sua vida se resume a este corpo, a este nome, à família à qual pertence, à identidade que você construiu.

Você está vivendo mais uma história, e a criação quer viver várias histórias, milhares e milhares delas em você. Você vai contar muitas outras histórias, e este momento de sua vida é mais uma história, erigida com respeito, dignidade e retidão, honrando tudo o que você recebeu, tudo o que tem, tudo o que construiu.

A vida não teria sentido dentro de um propósito universal se os seres humanos viessem aqui somente para acertar, apenas para ter experiências lindas, maravilhosas, prazerosas, isso não seria uma experiência completa.

A experiência completa programada por um espírito passa por todas as situações, por todas as espécies, com ganhos e perdas, com amor e ódio, com riqueza e pobreza. Se você entender que a sua experiência neste planeta precisa ser completa, então passará por tudo. Quando tiver a memória resgatada, não haverá razão para sofrer por um momento tão fugaz, por um instante dentro de um *flash* que é a sua vida.

Quando você perceber que vive em um instante, em um *flash*, será hora de começar a olhar para os problemas, as dificuldades, os sofrimentos, as angústias, as alegrias e as surpresas como oportunidades do viver.

Olhando para o universo, tudo é um instante e tudo passa, porque, na condição em que você se encontra, falando de sua vida – deste estado tridimensional como espécie neste planeta –, tudo é movimento.

O movimento é o fluxo para a vida, não importando se esse movimento traz as maiores alegrias ou as piores incertezas, dúvidas e indignações. Entenda que, sob uma perspectiva do espírito, trata-se de um movimento, e, como todo movimento, é transitório.

Sua compreensão do movimento é importante para não cair na tentação de se apegar tanto aos momentos bons quanto aos momentos ruins, porque eles passam. É precisamente o apego que traz o sofrimento, porque tudo é movimento. E, quando você tem a plena consciência do movimento, não há motivo para o apego; o único papel que lhe cabe no movimento é permitir-se seguir o fluxo.

O aprendizado não se dá nos momentos difíceis somente; o aprendizado acontece em todos os momentos, sob todas as formas, de todos os jeitos.

Faça uma reflexão: onde você está? Como você está? Qual é o seu movimento? O que está fazendo com este momento de sua vida?

Muitas vezes as pessoas pensam: "eu mudei, eu adotei uma nova forma de viver". Aparentemente, é algo novo, sim, mas, no fundo, nunca é uma novidade. Embora tenha se apresentado pela primeira vez nesse seu estado de manifestação – seja um comportamento, seja um pensamento, seja uma decisão –, a mudança já estava lá. Toda mudança, na verdade, é o movimento de algo que estava em um lugar e foi para outro.

Lembre-se de que ninguém restringe o seu movimento a não ser você mesmo.

3
APROPRIE-SE DA EXPERIÊNCIA

✦ ✦ ✴ ✦ ✦

O movimento de olhar para tudo o que está vivendo e analisar o que tem para você, quem é para você, o que é seu de fato, ajuda-o a se ajustar ao seu campo de viver, ao espaço que criou para ter todas as experiências de que precisa.

O exercício de olhar ao redor a partir de sua responsabilidade por tudo que decidiu até então ajuda-o a não se concentrar no que é do outro. É importante que você se concentre no que é seu, não no sentido de um pensamento egoísta, mas de autocentramento para a própria responsabilidade, assumindo a sua vida e entendendo que tudo o que tem hoje à sua volta – goste disso ou não, aceite isso ou não – foi você quem construiu. Você caminhou até esse ponto e cabe a você decidir o que permanece e o que será abandonado.

O importante movimento da espécie humana passa pelo entendimento das pessoas de que precisam chamar a responsabilidade para si e perceber o que vem, o que vai, o que fica e o que desaparece. Quando você simplesmente toma uma decisão, já faz seu movimento.

Uma vez que compreende o sentido do movimento, você se conecta com o movimento incessante e inquieto do universo. Mesmo que você esteja parado, mesmo que esteja meditando, tudo é movimento, e é um movimento sem apego, livre, sem passado e sem presente. É um movimento que não restringe a luz nem a sombra; é um movimento que simplesmente é, que integra.

Eis o ponto para o qual recomendo que você olhe: o movimento interno. No período de pandemia e restrição de movimento que, de certa forma, foi imposto em muitos lugares do mundo, cabe entender sobre movimentos.

Muitos podem perguntar se as restrições de movimento adotadas na pandemia estavam certas ou erradas. Digo que errada é a forma de pensar.

E outros podem dizer: então isso está certo! Certa é a sua forma de pensar.

Você precisa ter um olhar para a realidade, analisar o que aconteceu e qual será a decisão que vai tomar a partir dessa avaliação. Qual a sua parte nisso? Isso é movimento.

Mesmo que as pessoas não estivessem preparadas para lidar com a pandemia, mesmo que, talvez, não tenham tomado as decisões mais sintonizadas com o contexto, não se faz o movimento se não se enxerga a realidade. Realidade é a restrição, e até que ela se estabilize, que ela mude, não seja você a restrição para sua própria mudança.

O universo ensina por meio de metáforas todo o tempo. Você verá metáforas em momentos de restrição ao movimento. Para você, é uma metáfora não ser a restrição ao seu próprio movimento, às suas decisões, às convicções mais profundas que estão guardadas no seu coração.

À medida que abre as portas do seu coração, você tem condição de se abrir para a sua verdade. É exatamente nessa verdade que você vai encontrar a grande transformação que pode fazer a partir da sua vontade, a partir daquilo que o move no seu ritmo.

Quando você assume seu próprio movimento, consegue enxergar de forma geral como a história da humanidade foi construída por meio da mentira, da inverdade, muitas vezes obrigando as pessoas a viverem uma vida que não queriam viver, a falarem aquilo que não queriam dizer, a projetarem uma imagem que não é a delas.

Esse é um olhar para dentro, e apenas aqueles que têm a coragem de olhar para si mesmos podem ver a verdade. Ao enxergar a verdade, você notará que a raça humana mente com frequência, e faz isso por uma razão muito simples: as pessoas estão protegidas dentro de sua própria mente.

Você pode dizer, então, que a condição da vida favorece a mentira? Sim, essa estrutura foi criada por engenheiros e arquitetos cósmicos espirituais. Eles organizaram a mente de uma forma que você não enlouqueça nem entre em choque na situação em que está, numa condição encarnada.

Se a sua mente espiritual estivesse completamente conectada com a sua mente e sua condição encarnada, muito provavelmente você não veria sentido em estar nesta vida, e enxergaria tudo isso como uma loucura absurda. Muitas pessoas enlouquecem, caem em uma disrupção mental e estão internadas em sanatórios porque entraram em uma conexão espiritual muito profunda. Frequentemente, elas são vistas como loucas, mas, na verdade, muitas dessas pessoas não são loucas; simplesmente estão vendo a loucura que é o mundo, que é o mundo da ilusão.

Então, o fato de você estar preso em um corpo – que é uma realidade provisória – tira toda a condição de liberdade do seu espírito.

Em outros mundos, você não estaria preso da forma em que se encontra nesta condição, preso em um corpo que só lhe permite olhar para a frente – tem as costas e a frente, tudo muito limitado. O espírito não tem costas nem frente; o espírito é um olho, ele não tem um olho.

Tomar ciência de que você está preso num corpo – num cárcere corporal que é uma condição planetária não só de sua espécie, mas de todas as espécies –, de que se encontra nesse aprisionamento do espírito temporário, já seria uma razão muito forte para o enlouquecimento.

Essa foi a razão pela qual os engenheiros e os arquitetos criaram a proteção, um corte de consciência que, de certa forma, não permite que os seres humanos se lembrem de quem eram, de onde vieram e o que estão fazendo aqui, a não ser que isso tenha brotado do íntimo de cada um a partir de uma reconexão de merecimento ou de programação.

O fato de haver essa blindagem, em que as pessoas não conseguem ler o que você pensa e não conseguem ler o que os outros pensam, facilita o ato de mentir. Sua consciência cortada lhe oferece a condição de abrigar elementos ocultos da sua personalidade e a capacidade de reservar para si mesmo, em termos, as fantasias e os sonhos; confere-lhe a oportunidade de falar as coisas que pensa de um modo diferente, o que pode ser traduzido como mentira e fingimento.

Podemos dizer que, em alguns momentos, falar a verdade talvez não seja adequado e oportuno. Sim, isso pode ser chamado de consciência em respeito às consequências, aos contextos, aos estágios de amadurecimento de cada um.

Mas a reflexão que trago é a seguinte: você tem plena consciência do que faz, do que fala, do que pensa durante todo o tempo? Ou vai caindo dentro de um comportamento socialmente aceitável em que, muitas vezes, mente para si mesmo?

4
A MENTE CONFUSA

✦ ✦ ✺ ✦ ✦

Muitos de vocês perderam a esperança de mudar por conta da idade, da história e do caminho que percorreram, e assim vivem uma mentira que os impede de acessar e ativar a coragem do espírito, de transformar e de mudar.

Em geral, muitas pessoas caem na armadilha mental de dizer que já têm muita idade para isso, não têm mais tempo, não têm mais condição de aprender outras coisas, de que agora tudo é muito diferente de sua época.

Esse é um dos maiores aprisionamentos da mente e corte da consciência e desconexão do espírito. Espírito não depende de tempo para aprender, ele aprende; espírito não está preocupado, preso ao passado, simplesmente está pronto para experimentar o que tiver que experimentar; em regra, essa armadilha é a grande mentira que você vive neste momento do seu mundo.

É uma grande bênção proporcionar a cada um a oportunidade de olhar para si próprio com mais coragem, mais fé, mais compaixão e humildade, não permitindo que suas histórias impeçam a construção de histórias transformadoras.

Não permita que as suas experiências anteriores algemem as suas experiências futuras, tolham a sua coragem e o impeçam de acessar profundamente um novo nível vibracional em conjunção com seu espírito. Você é parte de algo muito maior e pode acessá-lo se entender que cada instante é um bom momento para mudar. Isso não passa necessariamente por fechar os olhos, meditar e buscar esse alinhamento, o que não deixa de ser positivo, mas vai muito além disso: passa por você observar suas atitudes gerais, seus pensamentos, suas decisões, suas reações.

Muitas pessoas querem ficar bem com todo mundo. É louvável que se tenha respeito pelos outros, mas você está bem consigo mesmo? Ou é melhor que você fique mal consigo para estar bem com os outros? Isso é fingimento.

As experiências são programadas para toda a humanidade. Você passa por vidas e, ao longo delas, toma atitudes que hoje condena profundamente. Outras pessoas também vivem fazendo coisas consideradas terríveis com seus semelhantes. Isso faz parte da experiência completa do ser humano.

Você pode afirmar que essas pessoas, provavelmente, sofrerão as consequências por seus atos. É importante entender que, nesta vida, na condição humana e de todas as espécies, há uma regra deste universo, que é a lei de causa e efeito – tudo vai e tudo vem.

A lei de causa e efeito rege todas as experiências. Toda ação tem uma consequência. Nós a entendemos como lei da compensação, pois o próprio espírito pede a compensação. Por exemplo, se hoje você fez uma coisa terrível sem ter consciência disso, seu espírito pedirá compensação.

Muitas pessoas pensam que se trata de uma punição de Deus, uma punição maior. Não. O que existe é a mais profunda generosidade e bondade do universo para com as experiências humanas; o espírito pede a compensação, e, se o indivíduo vive alguma situação que exija compensação, resta a ele aprender. A compensação se finda desde que ele aprenda.

Não é possível enganar o espírito. Você pode enganar a si mesmo, mas o seu espírito, não. Ele é o olho que tudo vê. Creia, não se engana o espírito.

Se você passa por qualquer situação de compensação nesta existência, é hora de se lembrar do que fez, seja nesta vida, seja em outra. E não se culpe, pois você não está aqui para acertar, mas para viver uma experiência completa.

Eis o entendimento mais poderoso que você pode ter neste momento: todo processo de transformação não está fora, está dentro; tudo é uma metáfora externa do que acontece de forma espelhada em cada ser humano.

A transformação global é um reflexo das transformações pessoais de cada ser humano, algo que alguns compreendem, outros não. Toda transformação está dentro de você e, se compreender isso, terá realizado um dos atos mais generosos para com sua mente, tirando-a da confusão.

Você mesmo pode olhar para dentro, conectar-se com o espírito – aquele olho que tudo vê, que tudo aceita – e, assim, não enxergar apenas o que quer ver, mas, sobretudo, o que você não quer ver, desenvolvendo a coragem de olhar para aquilo que prefere evitar.

Quando você se livra da confusão, acende a grande chama da transformação e o fogo interno queima o que precisa queimar, de modo que você renasce para aquilo que verdadeiramente é neste momento.

5
A FALSA REALIDADE

✦ ✦ ✷ ✦ ✦

É importante começar a observar as diferentes e múltiplas realidades que você tem para que possa transcender os desafios impostos à sua raça.

Esses desafios vêm dos próprios seres humanos. Para não cair nas armadilhas da ilusão nem ceder à ingenuidade de se elevar de tal forma que perca o senso de realidade, é requisito crítico compreender "o fator realidade".

Um dos grandes desafios da condição humana é equilibrar o real com o não real. Muitas pessoas entendem que o real corresponde àquilo que é tangível ou concreto, às coisas que podem ver, tocar e sentir; e entendem que o não real é aquilo que não podem ver, não podem tocar, com o que não podem interagir de alguma forma, fisicamente falando. Aqui temos, exatamente, o grande equívoco, e é nesse ponto que elas se perdem, na maioria das vezes.

O sentido real é exatamente o contrário do que você imagina. O não real é aquilo que você pensa ser real, e não é difícil que, no fundo, você perceba o que não é real.

Quando olha para a sua casa, os bens materiais, as pessoas, para qualquer objeto tangível que possa pegar, você pode afirmar: isso é real!

E eu lhe digo: não, isso não é real. Não é a realidade. Isso não pode ser considerado realidade por uma simples razão: tem um fim. Tudo que acaba não é real; tudo que acaba é o não real, é a ilusão; tudo que acaba é o temporário, porque teve um motivo para existir pelo tempo necessário, mas teve um fim. Então, não é real.

E o que é real? Real é aquilo que é eterno, que perdura, que não tem início nem fim. Isso é real.

E o que não tem início nem fim? Sua essência como espírito, como alma e consciência. Aquilo que, quando deixa o corpo, permanece na eternidade, na existência.

Então, aquilo que é eterno é real, e o real não é tangível, não é perceptível. Eis o grande desafio de transcendência quando falamos de um novo nível de consciência dos seres humanos: a capacidade de se inspirar e confiar, de entrar num campo, senti-lo, perceber o que é real e o que não é real; a capacidade de se conectar com o que é real e fazer isso a partir da sua consciência, do seu campo de energia, do seu coração, a partir de uma verdade e de um sentido muito profundos de existência que transcende o tempo e o espaço, que transcende o corpo físico, que transcende a idade, os pensamentos e as emoções, indo muito além de tudo que você possa imaginar. Isso é o real.

É certo que o viver e o bem viver estão dispostos para que você possa fazer escolhas, e essas escolhas, quando devidamente

A falsa realidade

balanceadas pelo real e o não real, dão-lhe a capacidade de enfrentar os desafios à medida que eles surgem.

Muitos movimentos de transformação vêm tomando corpo no mundo e afetando sua raça com doenças invisíveis que atingem pouquíssimas pessoas, a fim de levá-las ao seu destino já programado. Isso, porém, aprisiona boa parte da civilização devido ao medo.

O medo não é real. O momento de doença do mundo oferece às pessoas uma condição única de se conectarem com o que é real e com o que não é real, e o medo não é real, qualquer que seja a sua natureza. Ainda que você diga "mas eu posso morrer", isso não vai acontecer, pois a associação com o medo surge do instinto de posse do corpo, da preservação de tudo que está. O corpo pode morrer; o espírito, não.

É claro que as pessoas podem ter o desejo de manter a sua condição de vida, com seu corpo unido ao espírito - certamente é por isso que elas não querem morrer. Mas há uma condição soberana quando a vida termina: o real e o não real tomam forma.

Isso não significa que você não possa ser cauteloso, tomar seus cuidados, preservar-se, preservar o próximo; pode fazê-lo desde que entenda o que é real e o que não é real. Essa é uma oportunidade para analisar o que fez até hoje com a sua vida e o que pretende fazer com ela daqui para a frente, vivendo sob uma condição não real em que as coisas vêm e vão.

6
O INSTINTO ESPIRITUAL

✦ ✦ ✶ ✦ ✦

Você passa por um corte de consciência na condição de encarnado. Como pode acreditar que possui um olhar completo se não estiver investigando, questionando-se, abrindo-se todo o tempo até o último dia da sua vida?

Não será com a idade que você se tornará mais sábio, mas com a humildade. Essa virtude vai lhe proporcionar mais clareza e você poderá perceber as pessoas, poderá perceber a si mesmo e entender o jogo da vida.

Tudo na vida é um entrelaçamento de circunstâncias previamente acordadas, que são propulsoras e proporcionadoras de experiências. E, à medida que você se abre por meio das informações, da sua humildade, da contínua busca, sem um grande desejo, sua vibração passa a ressoar.

Se compreender que todo o tempo é uma oportunidade para rever e ampliar o seu olhar sobre tudo e sobre todos, você poderá fazer suas escolhas, determinar onde quer e onde não quer vibrar. Por fim, acabará ampliando a clareza que traz possibilidades e opções.

Lembre-se de que, se você não fizer escolhas quando passar a enxergar com limpidez, pagará pela não escolha ou pelas escolhas que fizer. E, mesmo enxergando, será preciso ter coragem, isto é, exercer o discernimento e decidir mudar tudo, transformar, sabendo que, ao fazer isso, haverá rompimentos, seja com pessoas, seja com situações, hábitos, estilos de vida e bens materiais.

A clareza proporciona as condições para o rompimento, mas é a coragem que faz o movimento. Estar no mundo em que você vive requer coragem – coragem para se revelar, para mostrar às pessoas que, talvez, você não seja quem elas pensam que é; coragem para admitir seus erros, assumir seus fracassos, declarar que fez coisas que não foram legais.

A coragem liberta, mesmo que você passe por algum constrangimento, por alguma dificuldade ou rejeição, ou mesmo que sofra alguns cortes ao longo da vida. Mas a coragem liberta.

Quando você entende que este ciclo da vida representa uma oportunidade muito grande para que alcance a clareza a partir de um encontro com o espírito – sem que tenha buscado essa clareza de fato, mas simplesmente porque este é o momento do mundo –, você tem a condição de reclamar seus atributos, suas virtudes, sua qualidade e tudo o que você é. Isso é poder.

7
SENTINDO O DEVER DO VIVER

✦ ✦ ✵ ✦ ✦

No livro *A essência da bondade*,[1] há uma passagem que diz o seguinte:

> *No planeta existem inúmeras experiências ocorrendo, e elas estão vinculadas a outras experiências no mesmo planeta, dentro e fora dele, em outros planos dimensionais. Vossa presença aqui é parte de uma rede de conexões coletivas que proporciona respostas e estímulos para que vós possais cumprir vosso desígnio em várias esferas.*

Então, é muito importante entender que você está aqui com um desígnio. O que é um desígnio? É um ponto a que se quer chegar. Dentro desse ponto, podem existir muitas coisas que você

---

1. Jheremias (Espírito). *A essência da bondade*: o livro de Jheremias (canalizado por L.B. Mello Neto). Belo Horizonte: Meropé, 2019. p. 15.

precisa alcançar ao longo de sua jornada. Não importa a extensão do caminho; o que importa é o ponto a que você quer chegar. Muitas pessoas tiveram uma jornada curta neste mundo, dentro da nossa perspectiva, mas elas cumpriram o desígnio que lhes foi determinado. Outras pessoas percorreram uma longa jornada, dentro do nosso entendimento, e também cumpriram o desígnio delas. O importante é que você esteja em contato com o seu desígnio. Mas você pode se perguntar: onde está o meu desígnio?

O seu desígnio não está naquilo que você acredita ser real, na matéria. Seu desígnio está naquilo que é real e que não é matéria; está no seu íntimo, dentro do seu silêncio. Seu desígnio está muito além do desejo. É superando os desejos e a vontade que você consegue encontrar o desígnio, porque, se cultiva o anseio de achá-lo, ficará somente preso a esse desejo.

O desígnio é aquilo a que você se entrega independentemente do que tenha de enfrentar, do que tenha de viver, da condição em que se encontra; independentemente do sacrifício que tenha de fazer, daquilo a que precise renunciar. O desígnio é o desígnio, e, uma vez que você se entrega a esse propósito, ele se manifesta gradativamente de muitas formas.

A vida é um campo entrelaçado onde as pessoas vão recebendo informações de todas as formas imagináveis e não imagináveis. Quando as pessoas se entregam ao seu desígnio de vida, as respostas que procuram simplesmente surgem. Vêm através de uma mensagem, de um *zap*, de um meio de comunicação, de um smartphone; vêm através de um comentário, às vezes até da pergunta de uma criança; as respostas vêm através de um vizinho que relata algo, de um programa a que você assistiu, de um livro que leu, de algo que escutou ou viu, de um pensamento que brotou do nada em sua mente. A vida vai trazendo as respostas através de campos sutis. Todos nós temos um campo entrelaçado de informações que nos chegam para que possamos dar o próximo passo em direção ao nosso desígnio. Muitas pessoas estão vivendo seu desígnio, outras tantas querem se alinhar a ele, mas o que podemos dizer é: mais importante do que querer encontrar o desígnio é se entregar a ele. Há quem possa perguntar: como me entrego ao desígnio? Simplesmente verbalize e leve a sua intenção para o fundo do seu coração. Diga para si mesmo todas as manhãs, quando você despertar para este mundo: *eu me entrego ao meu desígnio*.

E, ao se entregar ao seu desígnio, você simplesmente começa a observar os sinais, porque eles chegam a todo instante das mais variadas formas. Não fique esperando o sinal, senão experimentará mais uma vez o desejo, e o desejo anda junto com o controle.

Quando se rende ao desígnio, você imediatamente solta o controle, permite-se viver, cumprindo os seus afazeres, assumindo as suas responsabilidades.

Não é preciso esquecer a vida, necessariamente, para se entregar ao desígnio, a não ser que seja essa a vontade do seu coração. Fundamentalmente, viver é entregar-se ao desígnio com tudo que você faz, com os problemas que tem, as decisões que deve tomar, com os momentos difíceis e alegres, com seus recebimentos e pagamentos, com todas as suas responsabilidades. Quando entende que a entrega ao desígnio lhe dá a capacidade de se elevar, você abre campo para a conexão mais importante da sua vida, que é a conexão com tudo que você é. E, uma vez conectado com tudo que é, você consegue exercer o equilíbrio, pois o mundo vai lhe trazer desequilíbrio o tempo todo.

Você não veio ao mundo para que o mundo o equilibre; você veio ao mundo para que o mundo lhe possibilite exercer seu equilíbrio. Mas, para que o mundo possa torná-lo uma pessoa equilibrada, você não deve esperar que ele lhe dê equilíbrio; ao contrário, o mundo dará a você desequilíbrio. É estranho, mas é generoso. Esse é um viés da bondade universal e dos seres maiores que conduzem este plano.

Se você quer que uma pessoa se aprimore, é preciso lhe dar o contraponto para que ela possa se desenvolver: se você quer que uma pessoa desenvolva força, não conseguirá fazê-lo dando-lhe facilidades, mas, sim, dificuldades. Se você quer que alguém desenvolva a capacidade de amar, dê-lhe a rejeição; se quer que desenvolva a consciência, dê-lhe a escuridão para que a pessoa possa aprender a se iluminar.

Quando você compreender que está num mundo que lhe dará tudo, de todas as naturezas, para que possa ter a condição de sair dele ainda melhor, conseguirá exercer a gratidão por tudo que está recebendo, coisas boas e coisas ruins.

Há uma maneira de entender tudo que recebe e assumir isso como seu, pois existe uma conexão natural entre o que o mundo lhe oferece e tudo que você é.

Se você aceita tudo o que lhe vem como uma oportunidade para transformar-se em um ser ainda melhor, percebe que, na verdade, não é o mundo que está fazendo isso: as coisas chegam para você porque você decidiu vir ao mundo sob essas condições.

Então, nesse momento, você começa a se entregar ao seu desígnio. A base para se entregar ao seu desígnio é você aceitar tudo que recebeu até hoje como experiências que lhe trouxeram algum nível de crescimento.

Mas, se não é capaz de compreender isso e se revolta com coisas que ocorreram em sua história, você não entendeu ainda o que é desígnio e qual a sua parte nesta jornada, de modo que não consegue efetivamente se entregar a tudo que lhe é destinado.

Mesmo sob as condições mais adversas e difíceis, as pessoas podem navegar nas mais absolutas bondade e beleza quando estão completamente envoltas e mergulhadas no que elas são, porque não são os problemas que tornam você quem você é, mas a sua entrega à vida e a maneira como lida com esses problemas.

Isso acontece, de igual forma, com os grandes prazeres, alegrias e realizações que todos almejam, mas que tampouco são reais. Tais experiências também são passageiras.

Quando falamos da entrega e do desígnio, então, tudo passa a espelhar a forma como você enxerga as coisas e o mundo.

8
VOCÊ É A SUA PROGRAMAÇÃO

✦ ✦ ✺ ✦ ✦

Para onde você leva o seu olhar e o seu entendimento? Para um instinto de defesa, para o ataque, para a revolta? Com que finalidade?

Você é um campo de energia. Cada área, cada ponto, cada criatura do planeta tem uma energia, e a qualidade da sua energia depende da maneira como você enxerga a sua vida e tudo o que lhe acontece. Mesmo que você seja uma pessoa voltada para o próximo, ainda assim o próximo é parte da sua vida e da sua leitura, então tudo é um campo de energia e as energias interagem entre si.

Quando você pensa e se comporta de determinada forma, cria um campo específico de energia e se molda à energia matriz, à energia mãe da Terra que, por sua vez, é um ser, uma consciência ainda muito pouco explorada em sua magnitude.

Você ocupa um corpo que, neste momento, está em outro corpo e dentro dos seus corpos existem vários outros corpos de vários seres, de várias naturezas. Neles, há um agrupamento de microrganismos sobrepostos, bactérias que habitam cada ente. É importante compreender que essa conjunção de seres dá voz a um entendimento e a uma consciência, e você tem uma grande oportunidade, que é o seu livre-arbítrio, de assumir a matriz da vida.

Dentro da matriz da sua vida, você tem a condição de estabelecer caminhos, mas entendendo que deverá chegar a um ponto: aquele ponto que você estabeleceu antes de vir para este plano.

Toda a programação de sua vida foi feita por você e para você – não reclame da sua vida, não reclame de absolutamente nada. Na condição de corte de consciência em que se encontra, você não conhece todas as vidas que teve. Muitas coisas aconteceram antes, muitas coisas você repetiu em vidas anteriores. Houve muita repetição, e isso se estende a todos. Geralmente, o aprendizado não vem somente em uma única experiência, mas é fruto de repetições em várias experiências em várias vidas. Por vezes, uma mesma situação com a mesma circunstância se repete até que o espírito se eleve.

Decerto você pode pensar: como faço para não permanecer nessa jornada de repetições? E eu lhe digo: entregue-se ao desígnio. À medida que você se entrega ao seu desígnio, ao propósito pelo qual está aqui, ao ponto focal da sua existência, não importa o tempo que ela dure, você fecha um ciclo, e, quando se fecha um ciclo, abrem-se outros, outras oportunidades, outras experiências, até que a jornada pelo planeta se conclui.

Os ciclos durarão milhões, até bilhões de anos. Não tenha pressa, entregue-se ao desígnio, essa é a condição primária para que você possa encontrar a paz, sobretudo em momentos aparentemente estranhos ou confusos, pois tudo foi programado.

Não há certo nem errado, não há bom nem mau, dentro de uma perspectiva espiritual maior. Não quero dizer com isso que vocês devam ser ingênuos, porque a vida, mesmo que ilusória, coloca-os em ação dentro de uma realidade, ainda que essa realidade seja ilusória.

Mas o ponto principal para que você consiga lidar com este mundo, com tudo que está vivendo, é a vibração, a frequência. Se você vive num campo de baixa frequência, torna-se mais distante de tudo que é. Se, ao contrário, consegue elevar a sua frequência, caminha em direção a tudo o que você é – tudo significa o sentido do viver.

Você pode se perguntar: "como posso elevar a minha vibração?". Para alguns, isso não é fácil, mas eu lhe digo que não é difícil elevar a vibração; difícil é manter a vibração alta.

Elevar a vibração é fácil. Por exemplo, é possível que, ao ler estas palavras, a sua vibração se eleve; a prática da meditação, o silêncio, fazer uma oração podem elevá-la. Aumentar a vibração não é difícil, é fácil; difícil é mantê-la nesse nível.

O que o mundo quer? O mundo quer que você esteja na alta vibração e seja firme na alta vibração.

O que o mundo vai lhe dar? Dará condições para que a sua vibração abaixe. Quando você compreende isso, passa a enxergar que as palavras que lhe são dirigidas, as acusações, as críticas, as traições, seus próprios erros, muitas vezes, abaixam a vibração.

Trago-lhe, então, um entendimento sobre a entrega ao desígnio da grandeza de tudo que você é: perceba quando você cai.

O mais importante não é cair, é levantar-se, porque a queda vai acontecer e é preciso estar preparado. Quem aprende a cair não tem medo da queda; quem não sabe cair machuca-se muito quando isso acontece, e a demora é maior para se levantar.

Os tombos que você leva na vida, tanto nas pequenas como nas grandes coisas, existem para fortalecê-lo e são programados por você, para que mantenha a vibração alta.

Para que você possa se elevar na vibração máxima e sintonizar-se com o máximo que é, precisa lidar melhor com a verdade, trazendo luz sobre o fingimento. Quando não estiver bem e errar, admita. Se fantasiar e fingir que está tudo bem, deve reconhecer isso, trazer luz e ver que, no fundo, você sabe que está se enganando.

Seu grande desafio para elevar-se é entregar-se de verdade à sua grandeza apesar da dificuldade, apesar do erro, apesar da decepção, apesar de tudo que pode estar complicando a sua situação naquele momento.

Lembre-se de que tudo é um teste para avaliar a sua grandeza, e essa é a hora de não mentir, não fingir. Não será dizendo ou fingindo que é forte que você se tornará forte, mas reconhecendo, antes de mais nada, que neste momento você se sente fraco.

Acolher a fraqueza já é a entrega ao desígnio, é entender que isso faz parte de uma etapa para a grandeza. No entanto, ficar se alimentando da fraqueza pode ser um problema, porque é viciante e não lhe traz grandeza.

Acolher a fraqueza e as dificuldades, compreendê-las e perceber que, muitas vezes, você não está no nível de energia de que gostaria naquele momento pode ser bom. Nessas horas, recorde-se de algo muito importante: esse estado de baixa em que você se encontra é uma condição transitória e não é você; portanto, não é real. E, se esse estado não é real, o que é real? Esse entendimento é a fonte de sua grandeza.

Quando você passa a perceber a diferença entre real e não real, consegue sair do estado de abandono, de fraqueza, de dependência, de baixa frequência energética. Também consegue ascender a um estado de grandeza porque ele é real, é tudo que você é, e, no momento em que alcançar esse estado de grandeza, você se fortalecerá.

À proporção que você se engrandece, pode ter certeza de que o mundo vai testar seu tempo de permanência nesse estado de grandeza. Isso vai trazer elementos para desmoroná-lo e você pode desmoronar, e não há nada de errado nisso. Quando se aprende a cair, a queda não machuca. Pessoas que sabem cair não se ferem; elas caem e se levantam. Pessoas que nunca aprenderam a cair se machucam, choram e não conseguem se levantar.

Por isso, entenda que a vida é um constante desmoronar para que você possa se tornar mais forte, para que possa trazer essa força para si. Entenda que a força é a alta vibração e ela vibra com o plano maior, vibra com tudo que é, em alma e espírito.

Quando consegue entender essas coisas, você atinge uma condição muito mais forte, muito mais poderosa de agradecer e de compreender a generosidade do mundo e do universo.

A generosidade não vem, necessariamente, com as experiências positivas; às vezes, isso acontece, mas se trata de uma virtude muito mais ampla. A generosidade vem com o positivo e o negativo, com coisas agradáveis e com coisas desagradáveis, pois, em sua generosidade, o universo lhe concede a possibilidade de se experimentar na condição em que você se encontra, de terceira dimensão, nesta espécie que aqui você habita, neste planeta, neste campo vibracional, na crosta terrestre.

9
O FLUXO DA ASCENSÃO

✦ ✦ ✴ ✦ ✦

Em todo final de era e de fluxo energético cíclico, este mundo recebe, em grande parte do tempo, energia das sombras e, em pequena parte do tempo, energia da luz.

Isso representa uma oportunidade única e generosa, oferecida pelos criadores e pelo universo, para que cada ser humano possa liberar a luz que está dentro de si apesar de toda a escuridão; uma oportunidade que, às vezes, surge neste plano, nesta experiência tridimensional de existência.

Então, como viver em um mundo onde as criaturas passam por privações e provações todo o tempo?

Este é um mundo firmado no sofrimento, porque a condição material cria uma ilusão de identidade e o corte da consciência faz acreditar que tudo o que existe é isto aqui, e que tudo acaba no momento em que o corpo morre.

Essa crença se enraizou em boa parte da humanidade. Há muitos e muitos anos, tal ideia não existia, ao menos nessa proporção, mas isso também faz parte do jogo de experiências de luz e sombra que você vive.

Saiba que os períodos de sombra são sempre mais longos que os de luz, exatamente para que você possa acender a chama, para que possa acender a luz. A sombra o leva a buscar lá no fundo toda a sua luz; do contrário, a obscuridade o absorve. Entenda que esse é um jogo tridimensional, é uma experiência de bilhões de anos, não de milhares de anos.

Como, então, dentro da condição em que se encontra, você pode viver e fazer com que esta experiência seja a sua melhor experiência?

Talvez você descubra que o universo, com toda a sua generosidade, disponibiliza para este planeta as condições do viver, do experienciar e do transcender. Todas as condições estão dispostas no jogo. Por vezes, você tende a absorver com muita força a densidade desta experiência e todo o peso que ela representa, tornando-se, assim, também pesado; então se depara com a dificuldade e a interioriza no coração. E, à medida que introjeta a dificuldade no coração, você a coloca em um espaço que poderia ser ocupado por outros campos que estão disponibilizados nesta experiência.

Sendo assim, que espaços e que campos seriam esses disponibilizados pelo universo, tendo em vista o mundo onde você joga, perde, ganha, sofre? Onde as coisas são móveis, e não estáticas, na alegria e na tristeza?

É importante recordar que esses campos disponibilizados para esta experiência trazem todas as condições para que você desenvolva os seus sentimentos e as suas atitudes mais nobres.

Você possui uma nobreza interna, não na dimensão humana, mas na espiritual. A nobreza é a capacidade que você tem de se conectar com as vibrações mais elevadas, de se colocar no patamar mais elevado.

Esse patamar mais elevado é simples de ser alcançado, e começa basicamente com a capacidade de perceber a alegria, o sorriso e a graça. Trata-se da capacidade que você tem de desfrutar as pequenas coisas e entender que você é uma pequena coisa. Se for capaz de desfrutar a pequena coisa, você será capaz de desfrutar a plena experiência disponível num universo imenso, fazendo parte desse conjunto de experiências.

10
VOCÊ É UMA ANTENA RECEPTORA

✦ ✦ ✵ ✦ ✦

Muitos podem pensar que só existe uma maneira de ter conexões: por meio de canais de transmissões. Não, não, de forma alguma. Todos os seres são canais e transmissores em algum nível. É importante que você entenda que, num pequeno planeta como este, a diversidade precisa ser respeitada em sua amplitude, e, se existem muitas formas de compreender a vida e lidar com ela, certamente são necessários muitos canais diferentes para haver evolução e interpretar mensagens.

As mensagens que você recebe de diversas formas chegam com muitas linguagens. Não seria generoso por parte da criação e de todo o plano que sustenta este planeta criar apenas uma voz, apenas um canal diante da multiplicidade de culturas, hábitos, percepções e níveis evolutivos de consciência.

Quando compreender que as mensagens chegam de diversas formas e naturezas, você poderá perceber a grande dimensão que representa a criação, a fonte original deste universo. Não é concebível, digamos assim, que a verdade esteja contida em uma só voz. É por isso que existem tantos que falam por tantos.

Você não deve entender uma religião, por exemplo, como o único canal transmissor da verdade; o mundo não aceita isso. Se pensarmos na figura de Jesus, um ser crístico que trouxe ao mundo inúmeros ensinamentos, muitas de suas mensagens foram perdidas ou deturpadas. Ele não pode ser o único caminho para a verdade, embora seja um canal que dá voz a milhões de seres. E Jesus é, sim, um modelo e tem ajudado muitas pessoas. De igual forma, outras religiões, como a muçulmana, a budista, a espírita, a maçônica, a védica e a suméria, oferecem e disseminam inúmeras orientações e sabedoria de que você nem se recorda.

Quando você passa a compreender que a fonte se comunica de diversas formas e por diversos canais, começa a recordar que "eu sou a fonte", que cada ser tem a sua missão, seu canal e seu poder de transmissão. Mas é importante que, ao se recordar da essência "eu sou a fonte", saiba que a fonte do "eu sou", a fonte de tudo, a criação deste universo, pode ser chamada de Deus, pode ser chamada de tantos nomes quantos quiser e com os quais se sinta confortável.

Sua religião pode oferecer as orientações que o acalmam, guiam o seu coração, dão-lhe paz e o elevam. Está tudo certo; não existe religião certa nem errada. O que pode ocorrer são as manipulações da orientação. Essas manipulações são próprias dos seres humanos em sua condição de corte de consciência, de fragilidade no alinhamento e de fraqueza no uso do poder.

Jamais condenamos qualquer doutrina, qualquer religião. Nós podemos, talvez, olhar para as ações, para os exageros que afetam as pessoas, porque a base de todas as religiões, a base de todas as orientações dos instrutores do planeta, é o amor, é a consideração pelo próximo, é o seu reconhecimento no outro e o reconhecimento do outro em você.

Quando existem orientações que ajudam a entender que eu sou o outro e o outro é uma parte de mim, você começa a se conectar efetivamente com a fonte, e a fonte é uma só. Todos os seres foram distribuídos em espécies, mas tudo é uma natureza energética viva manifestada de várias formas, com vários formatos; todos foram feitos pelos engenheiros siderais levando-se em conta a experiência deste planeta, que está dentro de um plano de existência de várias dimensões simultâneas, e a sua vivência é uma experiência de níveis mais baixos.

Você pode se perguntar: o que estou fazendo neste mundo? Você é uma parte da experiência multifacetada da fonte. A fonte se subdivide em vários campos de energia. Esses campos, por sua vez, subdividem-se em espécies, em raças cósmicas, para que elas possam se experimentar em uma condição contínua de expansão – uma expansão de experimento por planetas, sob várias formas.

Você vive em uma condição tridimensional a partir da qual enxerga planetas e estrelas que também vibram em uma condição tridimensional, mas isso não é o mundo; é uma parte dele. A matéria não é o mundo, mas uma parte da experiência espiritual. Por esse motivo, você não deve negar absolutamente nada, e, ao não negar nada, torna-se capaz de contemplar tudo, de contemplar o todo. Essa é a base para que você seja um canal, receptor e transmissor, dentro do seu espectro de vida, dentro da sua matriz.

A sua matriz já foi desenhada, bem como a de todos os outros seres. Ninguém nasce no planeta se não tiver uma matriz de evolução já definida. Nessa matriz, você acessa as chaves que lhe permitem ser um canal, ser a transmissão, conectar-se com elementos de orientações da fonte. Assim, você resgata informações as quais, no fundo, já conhece, mas que esqueceu temporariamente em razão do corte de consciência.

11
DOWNLOAD ESPIRITUAL

✦ ✦ ✳ ✦ ✦

É importante que você compreenda como funciona o campo de canal, a transmissão para o campo e quem são as pessoas que captam as informações transmitidas.

As informações que são liberadas no campo distribuem-se como se fossem uma nuvem disponibilizada a qualquer um no planeta, uma nuvem em que as pessoas acessem as informações que ali são colocadas pelo nível vibracional do planeta, desde que elas vibrem na mesma frequência.

Existem duas condições para que as pessoas acessem as informações que lá são colocadas: merecimento e desígnio.

Muitas pessoas não estudaram a fundo determinada matéria, determinado assunto, mas conseguem, por uma questão de propósito, de desígnio de vida, acessar esse conhecimento transmitido ao mundo mesmo sem terem se dedicado a isso. Por outro lado, existem pessoas que conseguem acessar as informações que ali estão dispostas graças ao seu estudo e por elevarem o seu campo vibracional. Assim surgem as grandes ideias e as transformações que movem a sociedade da espécie humana.

Nenhuma descoberta do ser humano se deu pelo esforço dele mesmo. Tudo é acessado do campo de conhecimento e revelado pelo merecimento.

Então, podemos dizer que você está aqui a trabalho e a serviço. Você pode ter felicidade e prazer em todos os níveis, mas está aqui a trabalho e a serviço. Não somente pela questão da experiência programada na sua matriz, mas porque, ao cumprir a sua matriz e alinhar-se com ela, você pode alcançar um nível em que sente a conexão com todas as matrizes, pois todas as matrizes têm uma interconexão. Tudo está correlacionado no planeta.

À medida que compreende isso, você percebe que as informações chegam generosamente por vários caminhos, e as respostas que você procura para a sua vida e para as questões mais prementes estão sempre disponíveis.

As respostas podem vir de dentro de você, em um momento de silêncio, em um momento de paz; podem vir da palavra de um amigo, do comentário de um vizinho, de uma revista que você está lendo, de um programa a que está assistindo. Não subestime a fonte. As informações chegam para você todo o tempo, de todas as formas, da maneira mais generosa que possa imaginar.

Existe uma fonte inesgotável de informações que chegam para você de modo contínuo. Se soubesse a quantidade de informações e respostas que tem à mão, você enlouqueceria positivamente e seria um extase de reconhecimento quanto à generosidade e capacidade que o cosmos tem, a partir da fonte criadora, de dar a você o que precisa para a experiência que vive aqui e agora.

Então, entenda que a sua vida é um canal de informações e que, assim como é um receptor, você também é um transmissor e uma transmissora. Coisas que você fala e faz ativam redes e pessoas em níveis que não imagina.

Muitas vezes, comentários que você faz, quando vêm do coração, tornam-no um canal transmissor sem que você perceba, levando informações para outras pessoas.

É comum encontrar pessoas próximas, que lhe são caras, para as quais você já disse determinadas coisas muitas vezes e elas nunca o ouviram. Você não deixa de ser um transmissor nesse momento, apenas não entrou na mesma frequência do receptor, pois ele precisa estar sintonizado para que possa entender a sua transmissão.

Existem muitas formas de entrar em sintonia, e a que você usa com mais frequência é o sofrimento. Trata-se de um caminho também generoso por parte da fonte, que lhe dá informação e uma rota que, muitas vezes, não é fácil seguir, até por você estar em um corpo tridimensional que morre e se encerra.

Não é fácil viver uma vida que é uma ilusão, e isso já é um campo de sofrimento. Mas é também uma experiência poderosa se você entender que existe neste plano, mas não se resume a ele.

Quando um ser não consegue receber tudo que lhe é oferecido, receberá da fonte, naturalmente, a dor e o sofrimento, porque é a forma de aprendizado escolhida pelo espírito. No entanto, mais cedo ou mais tarde, você vai aprender, nem que isso leve várias encarnações na Terra.

12
O PRINCÍPIO PARA CONECTAR-SE COM A FONTE

Em sua experiência encarnada, é mais do que natural que você queira entender a origem de tudo. Eu adotarei, para este tempo e espaço, a palavra "fonte" com vistas a me referir a essa origem. Muitos de vocês, de forma científica e espiritual, buscam a fonte.

Mas, antes de querer entender onde está a fonte, você precisa acreditar. Toda a base de conexão com a fonte vem de um princípio elementar do estado de ilusão: a fé. Nada é mais poderoso do que a fé, e ter fé significa simplesmente acreditar sem nenhuma condição, sem nenhum elemento que justifique a crença. Você simplesmente acredita. Isso é fé.

Não há como ter fé se não for pela convicção e por uma profunda conexão do espírito. A fé provém do espírito, e é o vínculo mais forte que você tem com ele. A fé é a capacidade de resistir diante de todas as adversidades.

Quando você não vê uma luz no fim do túnel, mas reconhece que pode superar uma dificuldade, que você é a força e que ninguém lhe tira essa virtude, isso é fé.

O princípio para conectar-se com a fonte

Por mais que você não tenha nada hoje, nem mesmo esperança; por mais que tenha medo, que tenha perdido pessoas e coisas queridas; por mais que esteja sem referências, sem saber para onde olhar, o que fazer, onde ir, não perca a fé, não abandone a crença de que escolheu esta vida, de que você é parte da fonte – é parte porque está em um corpo, está partido, separado, mas, no fundo, você é a fonte, em uma pequena experiência.

E, ao entender que você é uma pequena, até mesmo ínfima experiência, você passa a desenvolver um outro requisito fundamental para a conexão com a fonte: a humildade, o ato de admitir que é quase nada, para não dizer nada em sua totalidade. Ao se reconhecer como quase nada é que você vibra a fonte e emana de si a grandeza. É a humildade de assumir a própria pequenez que lhe traz a grandeza do espírito e uma conexão profunda com a fonte (ou qualquer outro nome que você se sinta confortável em usar para a fonte, que é a origem de tudo, a criação e o criador deste universo).

Para isso ocorrer, você precisa consolidar a fé, o que lhe dará as condições de acreditar que é um ser capaz, mesmo diante de todas as limitações, de todas as imperfeições que o constituem.

Todos os seres no planeta foram criados com base em imperfeições, todos que encarnam têm imperfeições, até aqueles que estão conectados com a fonte, cujas imperfeições precisam ser fortemente trabalhadas ao longo de suas existências. Alguns desses seres conseguem minimizá-las e controlá-las, mas são poucos.

Muitas sementes foram deixadas neste plano, sementes de compreensão e de fé. Essa fé está no campo de energia do planeta e pode ser buscada como se busca o ar, como se busca o frescor de uma manhã, o sol, os aromas. Quando você inspira o ar, reconecta a fé do espírito.

A fé que foi disseminada no planeta está no campo etérico, é uma chave para que você possa trazê-la para dentro de si e fazer uma ativação profunda. É o respiro da fé. Ela nasce dentro de você e, quando isso ocorre, uma imensa energia de certeza torna-o inabalável mesmo no sofrimento, nas fraquezas, na dor, na dificuldade, na desesperança.

Entenda que a fé é movimento e que movimento atrai movimento, fé atrai fé, atrai convicção. A fé é uma convicção profunda. Quando todos lhe dizem não, você diz sim para si mesmo, mas esse sim não vem da sua mente, vem do seu coração, de uma convicção profunda e ilógica. A fé profunda não necessita de lógica. Você precisa acessar a condição da crença – que é uma crença ilógica – porque a fonte não é compreensível na condição em que a espécie humana tridimensional se encontra; haveria curtos-circuitos no seu corpo se você pudesse interiorizar a fonte manifestada.

No entanto, se você se conecta com seu espírito, esse espírito pode conversar com níveis superiores que, a partir daí e de outros níveis acima, vão lhe permitir beber da fonte. É tudo feito por escalas e você está vivendo uma experiência de escala, em que seu espírito se fragmentou em várias partes e você é uma parte desse espírito.

Você pode pensar: então existem outras partes desse espírito que, no fundo, sou eu? Eu lhe digo: sim, em outros lugares deste mundo e em outros mundos. O espírito quer lhe oferecer todas as experiências possíveis naquele momento, e, dessa perspectiva, as matrizes são distintas para cada experiência por ele programada, sob várias formas. Porém, o que o espírito busca, na verdade, é a mesma coisa.

Você também pode pensar: será que eu tenho conexão com essas outras partes que se experimentam em outros planos ou mesmo neste mundo? Eu afirmo: sim! Muitas vezes sim. Quando você tem conexão com pessoas, seres e condições que lhe são familiares, simplesmente consegue ver pelos olhos de suas outras partes se experimentando em uma outra experiência, uma situação que, para elas, é comum. Como suas outras partes são você e você é suas outras partes, as vivências delas são comuns para você, assim como as suas experiências são comuns para elas.

E você pode se perguntar ainda: por que, então, eu não tenho acesso a isso? Exatamente por conta das experiências que precisam ocorrer simultaneamente, das mais diversas formas. Você não teria condição de ter uma experiência separada se estivesse vivendo a experiência do outro e vice-versa – e não apenas do outro, mas dos outros, pois são várias partes de você vivendo sob diversas circunstâncias com o propósito de alcançar o mesmo aprendizado.

Quando uma parte sua se descobre e evolui em algum lugar, ela ativa coisas em você, assim como você, muitas vezes, consegue transcender, acender a sua fé e superar uma barreira colocada na sua matriz.

Quando você se eleva, impacta toda a rede da qual faz parte e que são vários aspectos seus, ou, em um sentido mais amplo ou primário, do seu espírito.

E, se você compreende que existem vários "eus" se autoexperimentando, como pode dizer que está sozinho? Não há um único ser neste mundo sozinho, em nenhum momento, absolutamente, pois tudo é conexão maior do espírito. Por isso, a força da fé e a humildade são consideradas canais cruciais para a fonte, para que você beba dela. A fonte está disponível para todos, de muitas maneiras e em muitos formatos. Não creia que o bem e o mal são uma separação da fonte; não creia que luz e sombra são uma separação da fonte. Tudo é a fonte, tudo é experiência.

A permissão para que certas forças se transformem em impulsos negativos e polarizados é uma definição da fonte, e isso determina o autoexperimento humano em sua forma mais completa. Pode lhe parecer estranho e ilógico observar o mal neste mundo, coisas ruins acontecendo com outras pessoas, mas tudo é experiência da fonte e tudo obedece às próprias leis deste universo – leis de causa e efeito –, de modo que exista o aprendizado evolutivo, o retorno a tudo que você é.

No fim, todos nós voltaremos para a fonte, com todas as histórias que criamos, com todas as histórias que vivemos. O universo construiu e acumulou muitas histórias, e uma hora tudo isso retorna à fonte. E, ao retornarmos à fonte, encontraremos a completude, um estado em que não existe tempo nem espaço.

Pode ser difícil para você compreender isso e eu não espero que você compreenda, mas apenas que considere estas mensagens e esta palavra. Então, se compreender pela transmissão de hoje que as informações chegam por todas as naturezas, que você é transmissor e receptor durante todo o tempo, que é canal em algum nível, você pode dizer que tem conexão com a fonte, pode reconhecer-se pela fonte de tudo e, com isso, ativar profundamente a sua fé e a humildade, de maneira que a pequenez de sua existência impulsione a grandeza da fonte que mora em todos nós.

Sendo assim, faça seu caminho, reconheça quem você é, seja soberano na sua presença e honre o ar que respira para que essa experiência seja magnífica de todas as formas durante o tempo que você tem, que é curto e, portanto, deve ser muito bem aproveitado.

13
A FORÇA NATURAL DO ESPÍRITO

✦ ✦ ✵ ✦ ✦

Todos os seres estão buscando a evolução a todo momento. Faz parte desta experiência, faz parte deste momento do planeta, faz parte da história, faz parte da condição da espécie que você habita. Você habita um corpo, pertence a uma espécie que tem início e fim, mas o espírito não tem fim.

Reconheça a sua presença, o seu espírito, e perceba que você mantém uma relação permanente com o passado e com o futuro.

O fato de estar neste momento vendo imagens, lendo as minhas palavras, envolve uma expectativa. Uma expectativa de clareza, de esperança, de amor, de afeto, de acolhimento e de cura sobre todas as condições.

Você está esperando algo, mas de onde vem esse algo? Vem do futuro, do que está por vir; vem das palavras que serão utilizadas hoje, porque as palavras representam o verbo, o verbo é energia, e energia é um aspecto material vibrando em outros níveis.

A palavra tem força, a palavra tem cura, mas... e o desejo? O desejo se manifesta quando se projeta algo no futuro esperando que uma realidade mude, que uma condição mude, e aqui reside parte da desconexão, parte da força que se rompe e da fraqueza que, muitas vezes, toma o seu coração.

Quando você se conecta com o presente, com a força do espírito, consegue, mesmo que por uma fração deste tempo, desconectar-se do passado e do futuro. Você pode beber dessa essência do espírito que lhe permite transcender remorsos, desejos, raivas, traições, ansiedades, esperanças, sentimentos que geralmente habitam a mente dos seres humanos. São justamente esses elementos que tomam os pensamentos, que distanciam o espírito, trazem muita confusão e impedem a clareza das decisões que, muitas vezes, estão nas mãos de cada um.

Simplesmente respire e perceba a sua presença, perceba a condição em que você se encontra. A condição que mostra exatamente como é o universo no seu fluxo e como você pode sentir que pulsa como o universo.

Você tem um pulso a partir de sua respiração, um estímulo para que possa existir neste momento, nesta realidade material que lhe foi projetada. Você precisa respirar, o ar deve entrar e sair dos seus pulmões. Se você não respirar, se não inspirar o ar que traz alimento e tônus vital para o seu corpo e não o expelir, você não sobrevive.

O ar lhe é emprestado todo o tempo e você tem que devolvê-lo. Já parou para pensar que esse é o fluxo do universo?

Universo é expansão e retração, ele vem e vai, na condição de vida que foi designada para este planeta. A vida começa e termina. Todo o fluxo universal vem do mesmo ciclo de início e fim, de entrada e saída, do inspirar e do expirar. A todo momento você toma o ar emprestado para viver e imediatamente tem que devolvê-lo; portanto, o ar não é seu, está com você. Da mesma forma que esse corpo não é seu, está com você; da mesma forma que tudo que tem não é seu, está com você. Tudo lhe foi dado e lhe será tirado, mais cedo ou mais tarde, porque essa é uma condição do universo, daquilo que começa e daquilo que termina.

Se tudo tem início e fim, por que você há de sofrer tanto com as coisas que não são suas? As doenças vêm e vão, as alegrias vêm e vão, a tristeza vem e vai, a não ser que você queira se apegar àquilo que o fluxo natural e cíclico lhe propõe.

Quantas coisas você precisa abandonar, soltar, para ter o fluxo vital vibrando na estrutura da sua vida? Isso não significa que você não deva fazer o que tem que fazer, realizar o que tem que realizar, trabalhar no que tem que ser trabalhado, construir o que tem que ser construído. Mas é a forma como você se relaciona com isso que muda a sua maneira de manifestar o espírito em sua vida.

No fundo, quem é você? Uma consciência energética que não tem início nem fim, mas vive diversas experiências de todas as naturezas, e que está lendo este livro manifestado em uma experiência projetada por você mesmo.

A partir do momento em que você reconhece que é um fluxo vital do universo que vem e vai, que decidiu estar aqui por força de um acordo coletivo maior para resgatar uma família espiritual, você passa a ter uma condição de alinhamento com esse fluxo vital e ascensão a um outro nível de entendimento do que é a estrutura de vida neste planeta.

14
O ARMÁRIO CÓSMICO

✦ ✦ ✺ ✦ ✦

Muito tempo atrás, raros eram os seres que tinham condição de mudar sua faixa frequencial em um novo nível de consciência e ascender a um novo nível de entendimento neste planeta. Podemos confirmar que o planeta entrou em um novo nível frequencial com a descida de informações, a entrada de luz e o aumento das frequências energéticas. Portanto, os seres humanos estão entrando em um período em que vão ter acesso a saltos, se forem merecedores, e não lhes faltará condição para isso.

Para que possa alcançar conhecimentos do espírito que se manifestam em forma de sabedoria, de clareza, de altruísmo e de resgate dos seus talentos, você precisa acessar portas. Quando os seres espirituais decidiram vir a este plano, deixaram uma série de portas cósmicas para que os humanos pudessem abri-las durante esta jornada.

Neste momento de abertura de um novo nível frequencial de luz no planeta, essas portas seriam como chaves e, atrás delas, estaria guardada uma série de atributos que são seus.

Independentemente do momento e da idade em que você esteja na vida, o importante é elevar seu nível frequencial e reclamar, positivamente, aquilo que é seu. É hora de se conectar com o espírito e reivindicar as portas para que elas sejam abertas.

As portas cósmicas seriam o seu armário cósmico, onde você guardou atributos pessoais na manifestação desta sua existência para que pudesse usá-los neste momento.

Muitos desses atributos são concedidos a várias pessoas, mesmo que elas não tenham um nível de consciência espiritual elevado. Porém, conscientemente ou não, elas elevaram a sua vibração e, por um instinto primário do espírito, conectaram-se com esses armários cósmicos e resgataram inconscientemente talentos e atributos que nelas se manifestam de forma extraordinária.

Se há pessoas que conseguem fazer isso de modo inconsciente, simplesmente pela força da mudança pessoal e pela elevação do seu nível frequencial – que lhes traz atributos de muita coragem, muita fé e muita força –, você pode perguntar: e eu, que estou aqui lendo este livro, posso me conectar com tudo que me é destinado? Eu respondo: sim, claro, porque, no fundo, tudo é seu.

Os atributos lhe foram concedidos para que você os resgate por mérito espiritual e pela elevação da sua frequência. Eles estão disponíveis para você a qualquer momento da vida e, quando esses atributos são alcançados, inúmeras mudanças acontecem de maneira muito acentuada e positiva.

Em geral, o nível de coragem aumenta; aptidões que antes não eram reconhecidas passam a se manifestar de forma muito natural, como habilidades manuais, artísticas, profissionais, de todos os tipos. Muitas vezes, os atributos não se resumem a um talento ou dois, e aqui reside algo muito importante para você: esses atributos são atemporais; não são frutos de um desejo, mas de sua mais absoluta presença, do reconhecimento de tudo que você é – não como matéria, não como corpo, não como *persona*, não com o seu nome, mas com aquilo que você é e que não morre. Trata-se de uma centelha divina e ela é soberana, ainda que seja uma centelha, porque nada no universo é desconsiderado, tudo é contemplado. Então, você é um uma centelha de contemplação divina da fonte, da fonte divina que sustenta este universo.

Talvez este seja o seu momento, não como resultado do desejo de reivindicar o seu armário cósmico, os seus atributos, os seus talentos. Mas, talvez, por tudo que você acumulou e deixou para resgatar agora, numa ocasião em que a sutileza e o nível de clareza aumentam a cada dia e as coisas são reveladas.

15
O AMOR DISPONÍVEL

✦ ✦ ✵ ✦ ✦

Quando você começa a perceber que recebe várias fontes neste planeta e nesta vida, e que tudo está à sua disposição, é hora de se abrir e se entregar a essas fontes, pois elas podem lhe trazer a guiança, podem lhe tirar de onde você está e colocá-lo em outro nível – não como uma fuga, mas como reconhecimento de tudo que você tem e é, de tudo que escolheu e que conquistou.

Porém, quando você se associa, alia-se e conecta-se com todas essas fontes, que são campos disponíveis para as condições de existência deste planeta, você pode transformar absolutamente tudo.

Muitos seres humanos não acreditam que são capazes de transformar tudo. E são. A sua condição é de transformação, embora muitos não acreditem nisso. No entanto, essa força se manifesta sorrateiramente ou, às vezes, até de forma muito contundente, impelindo as pessoas a fazerem as transformações que são necessárias.

Neste momento, o sofrimento passa a ser um recurso natural entendido como forma de elevar as pessoas, e isso ocorre pela generosidade do universo, das forças criadoras deste mundo. O sofrimento é uma estrutura de aprendizagem inequívoca, por assim dizer.

As fontes de alta vibração, independentemente do sofrimento, estão disponíveis para você: a alegria, o prazer, o êxtase, o sorriso e o amor, que é uma fonte muito poderosa e tem a ver com a capacidade de olhar para fora e se encontrar em cada coisa que existe neste mundo.

O amor mais profundo é o entendimento, a aceitação e o seu reencontro com tudo que existe, percebendo que você também é a criação.

Quando compreende que você, o outro e tudo são, no fundo, uma experiência só, realiza-se a união, que é o entendimento maior da força do amor.

O amor representa o entendimento de que fazer pelo outro é fazer por si mesmo, é a dedicação ao outro, é a capacidade de se manifestar como doação a tudo o que você é. O sentimento de egoísmo desaparece por completo; você simplesmente se manifesta quando passa a enxergar que tudo é uma coisa só.

Os grandes seres que, em sua ascensão, conseguiram perceber a força do amor, construíram as bases para o que você chama hoje de religiões, de doutrinas. Esses e muitos outros caminhos de sabedoria foram deixados para que as pessoas entendam o que é o amor.

O amor é a quebra das barreiras, é o fim das diferenças, é simplesmente entender que você tem uma manifestação e o outro tem outra, mas que ambos são um, que todos são um. Muitas comunidades de espécies no planeta que vivem a partir do princípio do amor se entendem e cooperam, mas estão

O amor disponível

numa experiência programada, matricial, para cumprir o papel no conjunto de tudo o que ocorre.

Você pode indagar: então, somos uma raça mais elevada de consciência? Não exatamente; como espécie, ainda não. Há espécies em uma condição de consciência amorosa ainda mais avançada do que a espécie humana neste plano. Muitas delas habitam as águas e os oceanos.

Quando você começa a olhar para o outro manifestando a partir das fontes do universo – as fontes da alegria, da sabedoria, do amor, da bondade e da compaixão –, passa a beber dos níveis mais elevados de existência, e assim tudo fica mais leve.

Bondade não significa ser, digamos, carinhoso, como muitas pessoas pensam. Às vezes, bondade é permitir que o outro caia e estar lá para estender-lhe a mão ou para indicar-lhe um caminho. Não é você cair junto ou evitar que o outro caia, necessariamente. Às vezes, sim, você pode evitar essa queda; às vezes, não.

O amor ativa a bondade, que abrange duas possibilidades: deixar cair e impedir que o outro caia.

Você pode perguntar: como eu faço para saber se estou ajudando ou atrapalhando o outro? Respondo: conectando-se com o espírito por meio do seu coração.

Essa verdade está dentro de você, e só vai encontrá-la se tiver coragem de quebrar sua condição de distanciamento de tudo que você é e assumir a sua verdade dentro de uma verdade universal; quando abandonar o medo de pensar o que tiver de pensar, fantasiar o que tiver de fantasiar, porque, no fundo, não existe nem bom nem ruim, tudo é informação.

Você pode ler e aprender sobre a condição em que se encontra, de corte de consciência. E, à medida que lê, aprende e muda, você se conecta; e, ao se conectar, começa a enxergar situações e a perceber como pode ser justo, bondoso e amoroso, não da forma como a sociedade humana ensina, mas da forma como o espírito transmite.

As dificuldades virão, mas não são você; os problemas continuarão, mas não são você. Você passa a vibrar em uma outra faixa de frequência simplesmente porque decidiu beber das fontes emprestadas do universo para essa manifestação: as fontes do amor, da compaixão, da empatia, da sabedoria, da alegria, do prazer, da diversão.

Todas essas fontes estão e continuarão a estar disponíveis amanhã, quando você se levantar. E, ao acordar, qual será a sua conexão?

16
MUNDO DE SÁBIOS

✦ ✦ ✶ ✦ ✦

Nos próximos tempos, teremos um número infindável de pessoas em estado elevado de sabedoria e caminharemos na direção de um mundo mais sábio, onde os aprendizados não se darão somente nas relações entre seres de uma mesma espécie. Em razão da clareza adquirida, você começará a perceber que as árvores comunicam, que as plantas comunicam, que os animais comunicam, que todos os seres vivos comunicam, pois tudo está interagindo o tempo todo. Se você se abrir à possibilidade de que isso está acontecendo numa língua que não conhece, entenderá que se trata simplesmente de uma outra forma de linguagem e comunicação.

Você se torna apto a absorver informações deste momento em que o planeta passa por profundas transformações. Essas mudanças ocorreram muitas e muitas vezes em outros tempos; não são as primeiras nem serão as últimas. Trata-se de um ciclo: um série de transformações que se abre e se fecha sucessivamente e, assim, a sua vida vai tomando assento em ciclos.

Quando terminar sua jornada neste plano, você vai preparar inevitavelmente um novo ciclo de experiências, porque isso faz parte, de forma geral, das condições de manifestação da experiência neste planeta.

Há exceções? Sim, há exceções, mas nós não vamos falar delas agora. Grande parte da humanidade está dentro de uma jornada cíclica; portanto, você vai voltar. E, se vai voltar, por que não aproveitar esta experiência para construir a experiência completa, a partir do que programou para si, e entender que vem vivendo repetições e que este é um ótimo momento para cessá-las graças à força da luz que entra no planeta? Assim, você pode findar os aprendizados decorrentes das repetições pelas quais vem passando há tempos, em muitas experiências anteriores. Logo, você está diante de uma oportunidade tremenda.

Você pode pensar e dizer: mas, quando eu voltar, estarei numa condição ainda melhor neste plano? Pois bem, eis aqui uma informação que pode lhe trazer coragem, esperança ou medo: de forma geral, a tendência é de que, nos próximos tempos, descerão seres com a vibração que sustentará o futuro deste planeta no ciclo que está por vir e que também se fechará, e os seres que não estiverem vibrando nessas condições, que precisarem de outras experiências e que não alcançarem uma nova vibração que lhes traga energia em um novo corpo, passarão a encarnar em outras experiências, em outros planos, não aqui.

Talvez você pense: então, pode ocorrer de eu não voltar para cá? Sim, e não há problema nenhum nisso, não há por que se desesperar em relação a isso. A sua alma não vai se preocupar necessariamente com essa possibilidade; ela vai fazer o que tem que ser feito no nível que ela atingiu, até onde ela foi.

Você pode pensar: ah, então haverá pessoas que serão escolhidas? Não é uma questão de escolha neste plano, é uma questão de ressonância vibracional. Nada será feito de uma forma seletiva radical. Isso já vem acontecendo. Você pode observar que as crianças, hoje, já nascem com um novo nível vibracional. Pode ser que essa vibração baixe em algumas dessas crianças e seres ao longo da vida e eles se percam dentro do seu nível vibracional. Isso pode acontecer, sim, e vai acontecer com alguns deles. Esses seres que baixarem a vibração poderão voltar ao planeta depois? Provavelmente, não. Quem define isso é o campo energético, o campo de ressonância que regula tudo. Quem não vibrar na energia do plano não se adequará ao propósito deste novo ciclo do planeta.

Então, há aqui um grande desafio para você: conectar-se com seu espírito sem o desejo de absolutamente nada, abrindo-se mental e emocionalmente para a sua experiência a fim de que possa adquirir, aos poucos, a luz e a compreensão por merecimento, pelos movimentos que faz no cotidiano, por seu empenho e esforço. O recebimento da clareza que lhe vem a cada dia ilumina seus caminhos, ilumina a sua capacidade de ver se a pessoa com quem se relaciona é aquela com quem deve estar, e se você é a melhor companhia para ela.

Os próximos tempos serão marcados por um acentuado número de seres em alta vibração que mudarão o mundo habitado pelos humanos.

17
MATÉRIA E ESPÍRITO

✦ ✦ ✴ ✦ ✦

É muito comum encontrarmos pessoas neste mundo que diferenciam a matéria do espírito. Esse é um ponto de muita reflexão, pois toda matéria, se nós formos observar, é animada por vários elementos sutis e, muitas vezes, eles não se tocam.

Esses elementos sutis animam toda matéria. À medida que você decide ter uma experiência material, uma vibração tridimensional – largura, altura e profundidade –, desencadeia uma série de entrelaçamentos que precisam ser costurados para um desígnio correto ao espírito.

A vida tridimensional é a manifestação de um composto químico e de energias sutis que sustentam a vibração da existência física. Portanto, um entendimento muito importante sobre matéria e espírito é o seguinte: matéria é energia pura, não está dissociada do mundo espiritual. A matéria faz parte do mundo espiritual, existe dentro da sua mais absoluta transformação, que é a transformação espiritual em experimento do próprio espírito.

Conforme os indivíduos abaixam a sua vibração e se unem a um campo de energia unificado e entrelaçado que dá sustentação a uma experiência e a uma vida, dão início a uma ilusão. Por que a matéria é ilusão? Porque ela tem fim, mas a energia, não; a energia é móvel. Dentro do campo da matéria, a energia se movimenta em sua plena experiência mesmo que ela seja fragmentada, e, à medida que você entende que matéria e espírito são, no fundo, uma coisa só, pode se conectar ao campo espiritual nas suas diversas e infindáveis manifestações.

Pelo fato de estar preso em um campo que não tem acesso às memórias, é comum entender que a vida se dá aqui, desta forma. A vida não se dá apenas dessa maneira. Se, em sua absoluta plenitude de manifestação, a energia, o universo e as forças são capazes de criar condições de conexão levando em conta a diversidade que temos neste pequeno planeta, por que não considerar as várias formas que habitam outros campos de existência, com as suas diferentes experimentações?

Quando consegue compreender que a existência da energia se manifesta de diversas formas, você pode expandir o seu espectro de consciência, ativar sua memória cósmica e acessar campos que, possivelmente, seriam impossíveis de ser acessados.

E, se você é capaz de acessar esses campos, cabe a pergunta: onde eles se encontram? Esses campos estão no aspecto sutil das dimensões e das interdimensões.

18
AS DIMENSÕES ESPIRITUAIS

✦ ✦ ✸ ✦ ✦

O que são as dimensões? São frequências energéticas de velocidade de luz. Essas frequências se sobrepõem em camadas e, em cada camada, você tem um acervo imenso de experiências.

Então, se parar para pensar, poderá perguntar: em paralelo à nossa realidade, existem muitas outras existências e outras experiências? Respondo sem hesitar: sim!

Por que, então, eu não tenho acesso a essas outras realidades? Porque você escolheu vibrar nesta frequência, nesta realidade. Negá-la é negar o seu condicionamento, a sua vontade de origem, a sua vontade primária com o espírito.

Você pode pensar: ah, mas este mundo é muito cruel, este mundo é muito difícil, eu passo por muitas privações e provações. Sim! Essa foi a sua escolha, assim como a de todos que aqui estão. Todas as pessoas deste planeta estão em uma mesma condição vibracional, e isso as coloca como iguais, algumas com uma missão, outras com outra; algumas com um nível de discernimento maior, outras com um nível menor. Mas é importante entender que a experiência e a condição da experiência são iguais para todos. Você pode pensar: ah, mas eu gostaria de ter uma experiência mais evoluída. A força se busca muitas vezes não pulando, mas tomando impulso com o corpo indo para o chão. A experiência tridimensional em que você se encontra é uma das mais baixas deste universo, e, ao mesmo tempo, proporciona saltos riquíssimos para que os seres humanos possam, como raça, como espécie e comunidade espiritual, transcender todos os jogos em que entraram e as distorções que, de certa forma, cometeram, onde alguns estão aqui como missionários ajudando no resgate de uma civilização. Essa é a razão de todos estarem aqui, nas mesmas condições, mas com perspectivas, consciência e missão de resgate diferentes.

    A partir do instante em que você compreende que está provisoriamente preso nesta experiência, que entende que existem muitas outras experiências ocorrendo simultaneamente em camadas interdimensionais e dimensionais, o que pode fazer para contribuir com esta jornada que, por vezes, se revela tão cansativa?

19
CAMPO DA ALEGRIA

✦ ✦ ✵ ✦ ✦

Existe um espaço neste universo onde se manifesta a alegria – um campo da alegria. É como se você enxergasse uma nuvem condensada e, ao se aproximar dela e ali entrar, simplesmente se alegrasse.

Em um estágio mais avançado e dimensional, a alegria é um nível de consciência. Quando você tem alegria, manifesta o espírito dela. Se perceber a alegria como um ser que habita e sustenta uma área do universo, você será agraciado com esse júbilo para que possa experimentá-lo na condição em que está.

A consciência que sustenta a alegria no campo do universo é tão generosa que, quando as pessoas no mundo querem usufruir a alegria, na intensidade que desejarem, esse ser, a consciência que sustenta esse campo no universo permitirá que elas a desfrutem.

Entenda quão profunda é a generosidade desse campo: a alegria lhe dá a capacidade de rir, a capacidade de se divertir.

Esse é um campo de energia infindável. Sem ele, nenhum ser na Terra teria alegria ou se divertiria. Esse campo é formado por um conjunto de seres que se manifestam de uma maneira pura, contínua, ininterrupta; seres que se colocam além do tempo e do espaço. Por isso, é possível que a alegria e a diversão se manifestem em você.

Quando você entender que a alegria não é sua, que nem a diversão nem o riso são seus, quando perceber que são condições doadas, emprestadas, na sua manifestação, eu o convido a assumir um bom gesto de gratidão, usufruindo o máximo que pode da generosidade desse campo.

Nenhum ser no planeta tem alegria, riso e divertimento. Tudo é emprestado, tudo é doado. Mas, se você quiser rir, a condição lhe foi dada e você vai rir porque a generosidade se revela e o espírito da alegria se manifesta em você.

Logo, é importante que entenda que a alegria é um espírito muito poderoso, muito generoso, e que está disponível para todos a todo tempo, a toda hora e na quantidade que cada um desejar.

Então, por que se concentrar na energia do sofrimento se você tem acesso à alegria gratuitamente?

É pela alegria que você pode alcançar um nível de ascensão.

20
ÊXTASE E PRAZER SÃO VIBRACIONAIS

✦ ✦ ✲ ✦ ✦

Tal como falamos da alegria, podemos falar do êxtase e do prazer. Mas esses estados não compartilham a mesma energia; são outras as configurações energéticas que sustentam o êxtase e o prazer.

Se você perguntar se êxtase e prazer também são um espírito coletivo, eu respondo que sim! E você pode se intrigar e questionar: como isso se dá no universo?

Existem diversas moradas no universo. Existe o lugar onde você está e existe o lugar onde os seres estão na experiência do prazer e do orgasmo, continuamente. O orgasmo é uma altíssima vibração energética para o seu mundo. É uma vibração energética que o conecta com uma das mais puras energias deste universo e com energias próximas da fonte.

O prazer, o êxtase, o orgasmo, tudo isso é um momento, vamos assim dizer na sua língua, divino e sagrado. Dura muito pouco tempo na sua espécie, e isso porque vocês não são capazes de sustentá-lo psicologicamente e porque hoje, na maneira como operam, seu sistema não consegue manter uma estrutura equilibrada por um longo tempo de êxtase.

Talvez seja essa a razão pela qual tantas pessoas buscam o orgasmo. Muitas gostam do sexo para atingir o orgasmo, e não há dúvida de que é uma experiência única de reconexão com o divino.

Você pode, então, perguntar: quanto mais experimento o êxtase e o orgasmo, mais conexão tenho com o divino? De certa forma, sim! Desde que entenda quais são as suas profundas intenções para estabelecer essa conexão da maneira mais plena, sozinho ou coletivamente.

O universo não faz distinção, não faz julgamento quanto à maneira como você atinge seu orgasmo, seu êxtase e seu prazer. O espírito do prazer toma conta de você e, no momento do orgasmo, instaura a conexão divina.

Mas a pergunta que lhe faço é a seguinte: no momento do orgasmo, onde está o seu coração? Está na gratidão do momento, na gratidão do parceiro, da parceira, dos parceiros ou das parceiras? Isso significa que é importante entender e ser grato pelo empréstimo de energia da conexão divina.

Mas lhe pergunto novamente: você está usando essa conexão divina para aliviar seus sofrimentos, suas angústias, sua solidão, sua carência? Ou se trata simplesmente de um controle psicológico que você faz de si e do outro?

Entenda a generosidade do universo ao lhe investir do poder de produzir a conexão do divino pelo êxtase e de escolher e decidir como quer produzir essa conexão.

A forma como você produz essa conexão implica dois caminhos: a elevação ou um vício. O vício não traz benefícios maiores a não ser a repetição de um sofrimento não percebido, mas que no fundo existe.

Quando passa a ter gratidão, a conectar-se e a se conscientizar do poder da conexão do orgasmo e do êxtase, você estabelece, em uma fração de segundo do seu tempo, uma conexão com os deuses. Durante esse breve período, você usufrui daquele lugar em que muitos seres vivem num contínuo em outros reinos, em outras camadas dimensionais.

Você pode perguntar: então, existem reinos e camadas dimensionais em que as pessoas estão nesse estágio de êxtase todo o tempo? Primeiro, esqueça a palavra "pessoas"; pense em campos de energia conscientes. E, sim, esses campos de energia conscientes estão em contínuo êxtase, mas se encontram em uma outra vibração, onde isso não cria um problema maior nem afeta necessariamente toda a estrutura psicológica.

Na condição em que se encontra, como mencionei anteriormente, você não tem como sustentar um êxtase prolongado, mas o êxtase sempre vai estar disponível para você e você vai sempre ter que fazer a escolha de como usufruir dele: pelo vício ou pela ascensão.

O êxtase e o prazer podem ser chaves de conexão e grandeza com seu espírito, com o universo e com os reinos superiores, ajudando-o a dar mais um passo na direção de si mesmo.

21
A REAL NOÇÃO DO MOMENTO

✦ ✦ ✴ ✦ ✦

Um dia tudo passará, mas muitas coisas virão – alegrias e aborrecimentos. Tudo chegará, são os espíritos do universo, mas você decide o que fica e o que vai. O aborrecimento pode vir e ir, a alegria pode surgir e ficar. Você pode começar a estabelecer um efetivo controle sobre a maneira como lida com as experiências riquíssimas que são proporcionadas pelas relações e por tudo que acontece neste planeta. Isso representa a sua capacidade de ter e ver a beleza de cada coisa, a sua capacidade de enxergar a beleza das pequenas coisas.

Mas você só conseguirá perceber isso se simplesmente transcender o seu espaço-tempo. É a capacidade de entender que o seu espírito não tem passado, nem presente, nem futuro.

Ao se conectar com seu espírito para além do passado, do presente e do futuro, você trará a presença do momento, a capacidade de observar a respiração, a entrada e saída do ar, o movimento do corpo, e fará isso como se estivesse em piloto automático, pois realiza esse exercício todo o tempo e não percebe.

À medida que começa a perceber todos os pilotos automáticos, os condicionamentos do seu comportamento, da sua forma de ser e viver, você sai da estrutura de cegueira e passa a observar o que você é. Ao observar o que é, você transcende o tempo e o espaço, e pode enxergar tudo que está à sua volta com um novo olhar; um olhar cósmico, um olhar universal, e não simplesmente um olhar humano.

Você é um ser de energia cósmica na condição tridimensional de uma raça, cujo corpo tem início e tem fim na experiência.

Quando passa a enxergar tudo o que está à sua volta com um novo olhar, você tem condição de trazer para si alegria, prazer, amor, paz, sabedoria, contentamento, contemplação.

Quando esse estado se manifesta em você, preenche o seu dia de tal forma que cinco minutos do seu tempo nessa condição lhe trazem um equilíbrio por horas e horas.

Essa é a generosidade dos campos cósmicos e dos espíritos que sustentam esses campos, os quais estão disponibilizados no seu tempo.

22
ABRA-SE PARA A CORAGEM DO ESPÍRITO

✦ ✦ ✶ ✦ ✦

Abrir o seu coração é uma maneira de existir e está ao seu alcance a partir das escolhas que faz, a partir da sua vontade, independentemente da matriz que programou para si neste mundo, independentemente do que o aguarda pela frente.

Você tem escolhas a fazer, mas essas escolhas são frequenciais se quiser optar pelo mundo cósmico. Ou você pode fazê-las a partir da ilusão da experiência material, o que fará sua mente conduzi-lo a partir dos desejos do que você acredita ser melhor.

Quando conduz a vida a partir do mundo cósmico, você provavelmente vai dizer que as coisas que deseja devem ser genéricas, e não tão específicas assim.

Por exemplo, é importante entender que, ao pedir que o melhor aconteça para si e para os outros, você deve estar muito mais consciente e cosmicamente alinhado do que simplesmente desejar que algo se resolva. Muitas vezes, você precisa passar por uma experiência difícil para transcender a uma experiência gloriosa mais à frente.

Quando muitas pessoas não entendem que o universo programou, juntamente com seu espírito, essas experiências difíceis, elas caem na armadilha da vontade animal. Mas, quando simplesmente notam que já há uma programação para elas, fica mais fácil trazer a coragem cósmica e descobrir a escolha que devem fazer, assim como poder dizer para si mesmas: "que o melhor aconteça para mim e para os demais".

Às vezes, o melhor se traveste do pior e você pode dizer: como ocorreu o pior para mim, sendo que eu pedi o melhor? Acalme espírito dentro desse corpo e sem memória! As coisas ocorrem no seu mundo dentro de uma não linearidade programada. O que hoje é o pior amanhã pode ser a base para a construção de algo muito maior.

Com frequência, as perdas levam as pessoas a se transformarem e transcenderem. Portanto, quando uma pessoa pede o melhor, muitas vezes vêm situações dificílimas e de grandes perdas, mas são essas circunstâncias que vão edificar as bases de um novo mundo para aquele ser humano.

Todavia, isso só acontece quando você se conecta com a coragem cósmica, que, assim como a alegria e o amor, é um campo disponível para este mundo.

O ímpeto da coragem permite-lhe transcender toda e qualquer barreira que você, no fundo, criou para si mesmo.

Portanto, evite reclamar. Simplesmente pare, olhe, pense e produza a melhor frequência para que possa lidar com a situação, aspirando a que o melhor aconteça para você, sempre confiando na guiança do seu espírito, na experiência que ele programou para você.

Quando entende que a coragem é uma forma de viver a vida, você abre o seu coração e se conecta com todas as energias cósmicas disponíveis neste mundo para aproveitar as experiências de forma interrupta, generosa e contínua.

Quando atinge esse estado, você tem a condição de encontrar o outro, de viver melhor com as pessoas, de produzir mais a contento junto com elas, de passar por situações difíceis na maior alegria, na maior paz e na maior coragem, porque, na verdade, o amor une e traz na experiência coletiva o significado da experiência individualizada.

23
NÍVEIS EVOLUTIVOS

✦ ✦ ✴ ✦ ✦

Para nós, luz é informação. Quanto mais informação os seres humanos recebem, mais condição eles têm de desenvolver consciência, consequência e resgatar memórias que estão prontas para ser resgatadas no nível evolutivo e dentro da matriz de existência de cada um.

Uma das coisas mais importantes que devemos entender sobre níveis evolutivos é que nem todas as pessoas estão no mesmo estágio, pois as matrizes não são iguais.

Porém, o fato de não estarem no mesmo nível evolutivo não coloca as pessoas em condição de superioridade ou inferioridade. É certo que, sob uma perspectiva espiritual coletiva, tudo é uma só energia em um grande experimento.

Podemos notar que certos campos de energia são estados de purificação mais acentuados e que, quando atingem um nível de purificação ainda mais acentuado, esses campos se transformam e se subdividem em vários níveis de energia e em novos níveis de experimentação.

Esses novos níveis de experimentação trazem novos níveis evolutivos e, por vezes, a frequência cai, a frequência baixa. Isso faz parte do processo cíclico de evolução do campo de energia neste experimento, neste planeta.

Portanto, a comparação e a classificação trazem, de certa forma, uma realidade ilusória, pois dentro de um experimento maior o campo é um só, mesmo que multifacetado.

Levando isso em consideração, devemos refletir sobre algo muito importante: o que sustenta a experiência neste plano, neste lado, neste espaço tempo do universo? O que sustenta a experiência para que tudo possa ocorrer?

24
APRENDENDO COM OS REINOS

✦ ✦ ✵ ✦ ✦

De onde vem a sustentação de sua existência? Nós podemos dizer que a sustentação vem do Sol, que é a fonte de energia que torna possível a manifestação dessas experiências na terceira dimensão. Sem o Sol, nada acontece.

Segundo os criadores, não há como existir um campo de experiência sem sustentação. Não há como existir essa vida se não houver todo um campo integrado e construído na sua mais absoluta perfeição para o movimento das experiências coletivas e individuais. Esse campo é formado por inúmeras energias sutis. Existem muitos campos e muitas camadas de energia no campo sustentador das experiências dos seres humanos, assim como nas experiências de todas as espécies que aqui estão fazendo a sua jornada, dentro de um processo coletivo, espiritual, evolutivo e de retorno a tudo que se é.

Esses reinos – que podem ser bidimensionais, tridimensionais e, muitas vezes, multidimensionais – perpassam o visível que, para vocês, é invisível.

Não raro, esses reinos que existem além do espaço-tempo estão presentes de inúmeras formas, com inúmeras manifestações. Muitos dos seres e dos reinos invisíveis protegem a estrutura matricial energética que sustenta o *grid* planetário, em diversas dimensões.

Um desses domínios é o Reino dos Ventos, o Reino do Ar, que organiza todas as forças da natureza baseadas no movimento do ar. Há inteligência nesse reino.

São inteligências coletivas que movimentam esse reino, seres com outros níveis de consciência, que os humanos dificilmente conseguem compreender por se identificarem somente com aquilo que podem ver e tocar, com aquilo que é tridimensional.

Você pode perguntar: é possível conversar com o vento? É possível pedir guiança ao vento? É possível conhecer as rotas e todos os movimentos do vento? Claro que é, desde que exista propósito, desde que exista conexão, desde que exista algo muito simples: permissão. Para que você se conecte com as forças da natureza, é muito importante haver permissão. O simples ato de pedir permissão é suficiente para se conectar, para sentir, para trocar, para o que quer que seja. Há a necessidade da permissão.

Assim como o domínio do ar, existe o Reino das Águas. A força das águas está em todas as suas manifestações no planeta, como mares, rios e lagos. Há uma identidade coletiva consciente, e as identidades, assim como você, têm família e herança.

Digamos que você more perto de um lago. Esse lago tem controle, tem comando, tem uma inteligência. O mesmo se dá com rios e mares. Dentro do Reino das Águas, existem inúmeros reinos e sub-reinos que, de modo organizado, fazem o fluxo e a experiência do planeta rodarem sob todas as formas e em todas as dimensões.

E você pode perguntar: é possível conectar-me com o Reino das Águas? Mas é claro, desde que você esteja vibrando em sintonia, desde que tenha conexão e, sobretudo, desde que peça permissão. A permissão é crítica, porque, para pedi-la, você se coloca em uma posição mais apropriada de humildade em relação ao reino e, ao mesmo tempo, mostra a sua fé em acreditar. A fé e a crença tornam a experiência real.

Quando você questiona a realidade, quando suas palavras desafiam aquilo que é, aquilo que é deixa de existir para você, mesmo que continue existindo, mesmo que se faça presente. Esse é um ponto importante: a fé. A fé é uma cola, é uma liga; a fé é um túnel por onde passam as forças e os reinos invisíveis dos ventos e das águas.

E podemos mencionar mais um reino: o das Florestas, das Matas, da Natureza. Esse reino é sustentado por inúmeras forças sutis e invisíveis que equilibram absolutamente tudo. Há muitos nomes para designar essas forças sutis que estão presentes na natureza e sustentam o Reino das Florestas, o Reino das Matas.

Talvez você as conheça como elfos, duendes, anjos e muitos outros nomes. E essas forças se manifestam sob diversas formas, de acordo com o gosto de vocês: algumas são bonitas, outras são feias. Para nós, não existem adjetivos que possam qualificar sua beleza. A natureza de todas essas manifestações está dentro da inteireza, dentro da harmonia e dentro da função.

Muitos de vocês querem saber se podem se conectar com essas forças, já que elas estão aí, vivas e fortes, em todas as matas, em todas as florestas. Em certos lugares, elas estão mais ativas, mais presentes; em outros, mais discretas, dependendo da força do campo e da necessidade de sua atuação.

E a razão para isso é muito simples: esses seres e esses reinos vibram em um campo específico de frequência, muito sutil. Nele, a conexão é feita pelo elemento da pureza – a pureza de pensamento, a pureza de intenção – e pela ausência do desejo. Não desejar vê-los nem se conectar com eles abre espaço para uma verdadeira conexão. Não é você que se conecta com esses reinos; você simplesmente vibra na frequência deles e eles se conectam com você.

Se esses reinos não se conectam com você é porque você não está vibrando para que eles possam se conectar. São seres reguladores e protetores. Ao protegerem, ao regularem, ao estabilizarem, dentre muitas outras funções, eles podem ser agradáveis e também desagradáveis.

A mente humana os trata sempre como seres generosos – e eles o são, de certa forma –, mas suas atitudes nem sempre são entendidas dessa maneira, simplesmente porque eles cumprem funções na sua mais absoluta inteireza, na sua mais absoluta integridade. São seres que emprestam a sua existência, seu campo de energia, para cumprir a função de regular, de equilibrar, de harmonizar, e eles são capazes de "qualquer coisa" para fazer isso.

E você pode pensar: o que tenho a temer? Você deve temer a desconexão, tomar atitudes que venham a prejudicar o equilíbrio da experiência.

Por exemplo, as pessoas podem destruir esses reinos e comprometer a atuação delas ao causarem incêndios e devastarem o meio ambiente, e, fazendo isso, vão experimentar a lei universal de causa e efeito, que é uma lei implacável.

Neste plano, o universo sempre corrige aquilo que os seres humanos distorcem, porque vocês precisam viver o equilíbrio das polaridades nesta experiência.

Não caia na ilusão de que você tem que derrotar as sombras. Na verdade, você tem que equilibrar luz e sombra. Neste e em outros planos, existem outros jogos; a sombra é um caminho, pois revela as imperfeições que foram programadas pelo espírito para a sua experiência. E é exatamente cuidando de tudo que tem dentro de si e esconde que você pode acessar a sua natureza primária de pureza.

A pureza é a conexão com reinos invisíveis; a pureza é a conexão de vibração com os elfos, com o que vocês chamam de fadas, dentre outros seres mais sutis dos reinos invisíveis das forças da natureza.

Mas as "fadas" existem? As pequenas fadas com asinhas não são exatamente como vocês pensam, mas existem sob formas, vamos dizer assim, similares com algumas diferenças. Então, sim, esses seres pequeninos existem.

Mas por que não os vejo? Porque não depende da sua vontade enxergá-los; eles é que se permitem ser vistos. Eles podem consentir ou não; o poder é deles, não seu.

Muitas vezes, esses seres sutis não querem interagir com seres humanos por causa da baixa vibração que existe na humanidade: ausência de sensibilidade, ausência de cuidado, de carinho e de bondade. E a presença do desejo.

O desejo afasta todos esses seres da manifestação e da conexão com as pessoas, embora essas forças estejam aí, presentes e vibrando em múltiplas dimensões. Elas podem sair do seu campo de visão e reaparecer no momento em que quiserem.

Alguns desses seres são brincalhões e, não raro, aparecem em flashes, mas, como você geralmente duvida das coisas que nunca viu, acaba não acreditando ter avistado um ser de luz sustentador de um campo da natureza.

Se você tem uma casa no campo, pode ter certeza de que eles estão lá, em maior ou menor quantidade, dependendo do fluxo de energia local, e, quanto mais você procurar por eles, menos vai encontrá-los.

E por que estamos falando sobre isso agora? Porque é importante que você olhe para as forças da natureza e simplesmente veja, saiba que elas estão lá todo o tempo, que elas podem lhe ensinar sobre si mesmo e ajudá-lo a se descobrir. O "lá" e o "aqui" são uma interface temporal que atravessa o espaço-tempo. Então, esses seres podem estar aqui de alguma forma, sem dúvida. O que você precisa aprender com nosso ensinamento é que não deve procurá-los, mas simplesmente reconhecer a existência deles.

Você não tem ideia de como eles vibram em alta alegria e harmonia quando são reconhecidos e quando há gratidão pelo trabalho que realizam todo o tempo. Ao reconhecer e agradecer, você não apenas deseja vê-los, mas reconhece a existência deles, o que é uma forma de se purificar. E a purificação pode ser a grande inspiração desses seres para que você dê o próximo passo no seu processo evolutivo.

Nós sabemos que as experiências traumáticas pelas quais você passa ao longo da vida tiram gradativamente esse estado de pureza, mas procure trazê-lo para esses reinos.

Traga esse estado de pureza que vem da sua criança, da memória lá de trás, quando você não via maldade em absolutamente nada. Esse é um bom exercício para estabelecer um equilíbrio diante da dura realidade – um ambiente de jogos, interesses, dor e sofrimento, que são experiências coletivas humanas.

Você pode se separar disso e resgatar seu nível de pureza quando se conectar com os reinos da natureza: os ventos, as florestas, as águas, as montanhas.

Todos esses elementos são a manifestação de um ser e você pode pensar: tudo isto faz parte de um ser maior? Com certeza! O próprio planeta é um ser, e de extrema generosidade, mas um ser que também opera na relação de causa e efeito, que um dia vai se encerrar, que um dia vai morrer para que todos vocês, todas as espécies e todas as manifestações tenham concluídas as experiências que lhes foram programadas ao longo de bilhões de anos.

Você pode perguntar: onde ficam os anjos nessa história?

Esse é um outro reino. Trata-se do Reino das Espécies Aladas, que também vibra na sustentação de muitas cidades, de muitas pessoas e no apoio a cada uma.

Muitos podem pensar: então os anjos existem? Sem dúvida!

Eles têm asas? Sim, existem muitas espécies aladas que você não conhece, pois, sob a condição humana, essa história foi propositalmente perdida. Afinal, tudo que acontece neste plano foi de alguma forma desenhado.

Há muita diversidade nesse reino: existem cavalos alados, seres humanos alados, humanoides alados, dragões alados, felinos alados, insetos, manifestações aladas disformes, energias que se movem por asas.

As manifestações aladas são inúmeras, milhares de formas de cuja existência você não tem ideia, basta olhar para o Reino dos Insetos, que é outro domínio poderoso.

Quantos seres pertencem ao Reino dos Insetos? São muitos, como os mosquitos, os pernilongos, as libélulas, as abelhas, os besouros... Quantas manifestações aladas!

Quando simplesmente admite a possibilidade da existência dos reinos invisíveis nas suas mais variadas manifestações, você se abre para um campo do universo onde esse conhecimento lhe está reservado, e assim você se conecta com seu ser maior.

Recorde-se de que apenas uma parte sua está aqui, um pedaço pequeno e fragmentado da sua consciência maior, até porque, por força das regras de existência deste campo, você não poderia estar aqui com a sua consciência totalmente aberta. Alguns seres podem ter mais recordações e lembranças, mas a consciência presente como um todo não se sustenta porque o corpo entraria em curto-circuito. Quando você simplesmente se abre para a fé, para a crença nos seres angélicos, nas forças sutis da natureza e nos milhares de reinos que sustentam este campo, você traz a magia para a sua vida. Muitas vezes, a magia está na fantasia da criança, pois esses reinos representam a fantasia.

A fantasia é pureza, é a capacidade que você tem de admitir tudo. Simplesmente admita, reconheça, sem o desejo de se conectar, apenas reconhecendo. Assim, por meio de uma chave poderosa, você abre a porta para este momento da humanidade, que requer a aceitação das diversas formas de manifestação neste mundo pelos campos sutis e pelos reinos invisíveis.

Essa conexão lhe traz o resgate da pureza, que é algo extremamente poderoso, e a pureza proporciona toda a reconexão de que você precisa com si mesmo, com o universo e com a espiritualidade.

A partir do instante em que você percebe que os reinos existem e que estão operando fortemente todo o tempo, pode confiar que há uma força maior no universo sustentando tudo o que está acontecendo e que todas as experiências aqui, por mais agradáveis ou desagradáveis que sejam, são programadas dentro de um coletivo que se autossustenta, que se autoexperimenta e que se repete incessantemente até que se feche o ciclo de experiências.

Toda essa informação que estamos passando tem o propósito de abrir seus olhos para o invisível, para este mundo, para estas possibilidades. Isso pode ativar em você um novo nível espiritual, removendo uma camada e um véu que, muitas vezes, cobrem a sua percepção e impedem que você traga a sua luz para um nível maior de harmonia.

Por isso, nós o convidamos a se conectar com os reinos invisíveis sem desejo, simplesmente reconhecendo, abrindo-se, acreditando, sentindo. Tamanha doação traduz a conexão que nós chamamos de puro amor.

25
VOCÊ É UM SER INVISÍVEL, DE CERTA FORMA

✦ ✦ ✷ ✦ ✦

Recorde-se de que você está em um corpo que tem necessidades, um corpo que precisa sobreviver e que lhe foi emprestado; portanto, um corpo que não é seu. Na verdade, você é um ser invisível para a terceira dimensão, tornando-se visível somente por habitar um corpo.

Essa limitação existe porque você enxerga o corpo e se esquece de que é um ser invisível. E, por causa desse esquecimento, você não se conecta com o mundo invisível que, no fundo, é o mundo ao qual pertence, de onde você veio e onde se manifesta.

É a pureza do amor que permite a conexão com os reinos invisíveis e purifica a alma; é a pureza que, muitas vezes, ameniza a dor da existência na qual você se encontra preso em um corpo.

É chegada a hora e o tempo de perceber que você está em um corpo e que, embora esse corpo vibre no reino visível, sua essência pertence ao reino invisível. Seu corpo é o portal de conexão com o mundo tridimensional, mas você é um campo invisível e, por meio dele, pode acessar o umbral para várias outras dimensões, desde que entenda que não há desejo nem vontade, só pureza, vibração e conexão.

Essas são as chaves para os portais do mundo invisível do qual você faz parte e sempre fará parte; é o mundo de onde você veio e para onde você vai.

Sinta o cheiro das folhas, sinta o cheiro das plantas, emane boas energias para as montanhas, abra-se ao reino angélico, ao reino da pureza, aos seres alados de todas as formas e naturezas, porque eles estão aqui para sustentar este campo, para sustentar a experiência e para lhe dar aquilo que foi combinado antes de você descer e se materializar.

26
VOCÊ É O UNIVERSO CONTANDO HISTÓRIAS

✦ ✦ ✶ ✦ ✦

Recorde-se de que esta não será sua última vida, não será sua última experiência, muito pelo contrário.

Um novo ciclo se abre para o planeta, um novo ciclo se abre para a espécie humana, um novo ciclo se abre para você, e os que chegam a este planeta trazem esse novo ciclo.

Os seres humanos serão os grandes transformadores dos próximos cem, duzentos anos, que é o tempo de transformação pelo qual passarão até que entrem no outro campo de consciência, em um outro nível vibracional da espécie e, consequentemente, do planeta.

Você é parte do planeta, e não está à parte do planeta.

Você não é a espécie mais importante deste plano, não mais do que todas as outras. Quando entender seu papel social, coletivo, compreenderá que a individualidade é muito representativa e muito significativa.

Ninguém se torna menos importante porque é "uma" vida; você é uma história sendo contada pelo universo. Você é mais uma história contada pelo universo e o universo ainda contará muitas outras histórias a seu respeito, traduzidas nas experiências completas que tiver, sejam elas da natureza que forem. Mas cabe um aprendizado e uma atenção sobre este momento: os seres que descem, e que vão construir uma nova relação da sociedade e do nível de consciência da espécie humana, criarão um novo campo vibracional. Tudo é campo vibracional. Eles descerão nos próximos tempos, e aqueles que vibrarem no novo nível frequencial da espécie e do planeta vão se elevar. Tudo é um campo de ressonância, e essa é outra lei deste universo que você habita e no qual vibra. Você ressoa o que vibra; você atrai o que ressoa.

Você vive esta vida para que eleve a sua frequência e possa contemplar uma frequência superior na próxima existência, quando aqui estiver novamente. No entanto, há espaços e aprendizagens em outros níveis frequenciais para aqueles que não se elevarem.

Isso não é uma punição, mas uma lei deste universo. Aquilo que se eleva atrai, e aquilo que não se eleva também atrai. Frequências atraem frequências, mesmo no ambiente de polaridade que todos vivem no planeta.

Há inúmeros campos de força com diferentes níveis vibracionais energéticos, e a conjunção das polaridades traz um nível frequencial ao planeta. Isso não significa que, nos próximos tempos, não haverá frequências mais baixas, vamos dizer assim; circunstâncias em que a sombra não se contraporá à luz. O jogo entre luz e sombra continuará existindo, mas em um novo nível frequencial que vai colocar as experiências da espécie humana em novo patamar. Isso já está acontecendo gradativamente e se acentuará nos próximos tempos.

Esses próximos tempos serão turbulentos. Difíceis para alguns, fáceis para outros; positivos para alguns, negativos para outros. Tempos turbulentos significam movimentos intensos. Não têm a ver com certo nem errado. É um período programado e, sendo assim, deve ser vivido. Se você está aqui neste momento, foi porque programou esses tempos turbulentos, necessários, intensos e transformadores.

Por isso, é importante relembrar quem é você.

Livros canalizados por L.B. Mello Neto

Círculo sagrado de luz
É uma compilação de canalizações realizadas presencialmente a partir de seres de diversas dimensões. As mensagens, em forma de perguntas e respostas, são reveladoras e disruptivas quanto ao entendimento do mundo espiritual e da realidade humana.

Orações do Sol
Uma pérola poética e transformadora. O livro contém quarenta orações inspiradoras que impactam a estrutura mental, emocional e espiritual das pessoas. Há diversos relatos sobre como o livro propiciou ativações de cura.

A essência da bondade
Com uma linguagem forte e direta, a consciência pleiadiana Jheremias traz uma abordagem diversa sobre o significado da bondade. Com informações que desmontam crenças antigas, o livro esclarece e inquieta ao revelar às pessoas outras formas de se movimentarem na vida e lidarem com seus semelhantes.

TIPOLOGIA: Glossa Text [texto]
Cinzel [entretítulos]
PAPEL: Off-white 80 g/m² [miolo]
Cartão 250 g/m² [capa]
IMPRESSÃO: Formato Artes Gráficas [maio de 2022]